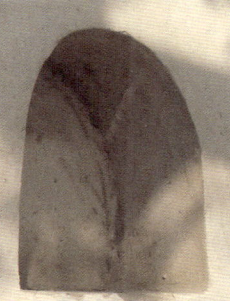

消失的建筑记忆

白永生 著

机械工业出版社
CHINA MACHINE PRESS

本书以作者的建筑考察为主线，通过细腻剖析，展现建筑背后的历史脉络与人文温度。作者走访西柏坡、井冈山、重庆大学等地，挖掘不同建筑细节：如西柏坡民居的抬梁式结构与窗棂艺术，供销社、新华书店的老式柜台、厂房废墟的漏光孔洞与工业记忆，废弃战争遗迹里逐渐被遗忘的建筑痕迹，井冈山老屋浸润在雨水里的回忆，峥嵘岁月中重庆大学建筑在战火中的无声刻画，福建土楼游人如织背后的岁月沧桑，记录时代变迁孤独耸立的高架水渠等。书中对比南北建筑差异，解读"乾坤"门簪、牛腿雕刻等传统工艺符号。后记中，作者结合个人经历与时代变迁，以故事形式讲述建筑与人的情感联结，揭示其作为时代精神与生活方式存续的意义。全书以"见微知著"的视角，让读者在建筑构件与历史场景中感受时光厚重与人文光芒，适合建筑文化爱好者阅读。

图书在版编目（CIP）数据

消失的建筑记忆 / 白永生著. -- 北京：机械工业出版社, 2025.8. -- ISBN 978-7-111-78823-2

Ⅰ.TU-092

中国国家版本馆CIP数据核字第2025JS5580号

机械工业出版社（北京市百万庄大街 22 号　邮政编码 100037）

策划编辑：赵　荣　　　　　　　　　　责任编辑：赵　荣

责任校对：杜丹丹　马荣华　景　飞　　封面设计：鞠　杨

责任印制：李　昂

北京利丰雅高长城印刷有限公司印刷

2025年9月第1版第1次印刷

148mm×210mm・7.625印张・1插页・219千字

标准书号：ISBN 978-7-111-78823-2

定价：79.00 元

电话服务	网络服务
客服电话：010-88361066	机　工　官　网：www.cmpbook.com
010-88379833	机　工　官　博：weibo.com/cmp1952
010-68326294	金　书　网：www.golden-book.com
封底无防伪标均为盗版	机工教育服务网：www.cmpedu.com

自序
Preface

  记得在《消失的民居记忆》中我曾经写过：那是拼尽全力致敬路遥先生的文字，而在《消失的民居记忆Ⅱ》中我曾写过：这是梁思成先生未尽的建筑遗志。到了这一本，终于觉得命运对我已很仁慈与宽容。我是那种打完最后一颗子弹的"战士"，虽然结果已经不那么重要，但这个过程确实并非每个人都能做到，更何况是一个病人。所以我对自己足够满意，也不再那么谦虚。

  提笔完成这最后的部分，已十分无力。这本书作为我九次居家的成果，承载了太多对建筑的期望和责任，也算缘分，也算必然，欲罢不能，却终究有了个结果。到如今，甚至结果已经不重要，从建筑开始，其实最后释然的还是自己，简述几笔，完成收尾。

  这三年断断续续的居家写作，是命运给予的机会，我自己也觉得匪夷所思。写作的过程消耗了我的生命：满头的白发，焦虑的心智，近乎垮掉的身体，而我到底要实现什么？慢慢地，我自己都遗忘了，迷失了，接近于疯狂的写作，放弃了其余所有的事情，其实有些悲哀。

  但也实属无奈，因为每一段文字都是那么机缘巧合，每一个地点似乎都在引导着我，停不下来，逐步完成整个书籍的脉络。《消失的民居记忆》《消失的民居记忆Ⅱ》如此，这本书更是有过之。其实开始描述民居这类老房，只为了记录，之前甚至没有想过出版的事，最终能水到渠成，确要感谢一路帮我的各位编辑老师，他们"看走眼"，被老白"蒙蔽"，但他们的用心老白也真的懂。退回到前面说的那句话，过程对我而言，比结果重要，因为身后的这些支持者，值得我用生命殊死一搏，这种建筑使命感，是我们相互契合之处。

那条通往草原的路我已走了五六次，小区隔壁的破厂房走了十几次，去湖北的路上却误入了重庆大学，单位组织的西柏坡、井冈山、龙岩学习也让我一举多得，哪里没有建筑？哪里没有故事？我一个被焦虑症束缚了行动的人，自己都没有想到，终于可以把石头写出花来。当然，不是说我有那个专业能力了，只是因为我开始接纳世界上所有平凡中的不同，欣赏所有被忽视的美丽，想要挖掘一切建筑里的哲学，这也是本书的建筑内涵。

写着写着，潸然泪下。我从小到大，多数发自肺腑的哭泣，几乎都是为了这几本建筑的书，对于一个大男人而言是很丢人的。你说我喜欢建筑吗？其实未必——可能也是自己觉得太委屈，太难了，不过我也只会在写序言的时候默默流这一次泪，算是对于自己的致敬，仅此而已。因为我也知道，自己的付出，不一定是别人的得到，还是要把这种无所谓的心态留给别人，不想让读者阅读有压力。

我在书的最后增加了后记一章，专门用故事来表达人与建筑的关系，那是一种第三方视角的陪伴和存续，我想通过这种改变，让建筑真的"软化"下来，让人们去发现建筑中无处不在的人情味道，那才是我想要的建筑回忆。希望读者有耐心看到最后，以收获的心态去结束全书的阅读。

有开始就会有结束，我希望我的建筑使命在这一刻就此停下，那份对于建筑的热忱，希望也一并安静下来。我确实奔跑得太快，像一个疯子，最初写的东西，自己看着都想撕碎，面对那些已无法再修改的文字，内心十分挫败。好在一点，这几年间，我终于可以与自己和解，认清了自己的不足。我并不是超级英雄，也不是建筑大家，只是一介草根，但并非没有意义，用普通人的眼光去理解普通的建筑，读者会有收获。不过还是会心疼编辑老师，面对我这样的作者，这样生涩的文字，定是眉头紧上加紧。

自序

写书是一件时间跨度很长的事,这期间你的想法会变,以至于回看的时候,自己都不懂之前为何如此幼稚,当时这个人怎么想的?写过的内容也很容易被遗忘,回看会发现,同一件事自己絮絮叨叨说了好几回,却不知道该删掉哪一部分。同时,写书还是件舍不得的事,编辑老师让删除的内容,我都不忍心删掉,这是作者最卑微的地方,所以这本书尽量短小吧,留给编辑老师删除的内容越少越好,当然了,这是玩笑。我是想让读者阅读起来简单一点,自己写得也不要太累,生活已经很辛苦,我们还是对自己宽容一些。

从2010年《消失的民居记忆》开始撰写,历经《消失的民居记忆Ⅱ》,再到本书出版,耗时15年。我完成了眼中老式建筑的拆解和记录,筑成了建筑记忆三部曲,从民居走到了公建,从古代走到了近代,从建筑整体走到了建筑构件。如果这本书能够卖得好,我会完成从国内到国外的那一部分,这并非刻意卖关子,只是纸媒销售愈加艰难,实际上,每次到了这个时候,也是最没有勇气说这些话的时候。要知道生活中的计划永远没有变化来得快,顺其自然吧。我倒没有把生命看得那么重要,因为相对于那么多的建筑记忆,自己显得微不足道。只是建筑使命对于我而言,确实过于沉重,需从长计议,以后仅当兴趣,或可从头再来。

再次感谢读者的长期鼓励,也感谢家人给予我的支持。

白永生

自序第1版(2022年12月12日)
自序第2版(2023年7月18日)
自序第3版(2024年1月15日)
自序第4版(2025年7月23日)

目录 Contents

自序

第一章 西柏坡的神奇——时光中的停留 /001

一　建筑的留存价值 /002
二　落灰的台阶 /003
三　婆娑光影中的壁龛 /004
四　北方民居的瞭望 /005
五　窗棂的素色 /007
六　不闻烟火色 /008
七　刻画 /010
八　抽屉的特质 /011
九　来来来，我们放大看 /013
十　核心特点 /014
十一　斜撑梁 /017
十二　真正的"抬梁式建筑" /018
十三　拱形的真实寓意 /021
十四　窑洞结尾 /023

第二章 供销社的秘密——无限美好 /027

一　当时光停顿 /028
二　大门的记忆 /029
三　云展云舒 /030
四　如今的过去 /033
五　牛仔门并不是西方的产物 /035
六　柜台前的阿姨 /036
七　永远擦不干净的地面 /039
八　裱好的顶棚 /041
九　远去的新婚 /043
十　一张不该出现的毡皮 /045
十一　供销社的外窗折板 /047
十二　被时光磨去的朱红色 /048

第三章　神奇校车——厂房的兴衰 /051

　　一　遗漏 /052
　　二　全局 /053
　　三　漏光 /056
　　四　蔓藤萝 /058
　　五　空洞 /061
　　六　摧毁 /064
　　七　阳光 /066
　　八　锻造 /068
　　九　楼梯 /069
　　十　照明 /071
　　十一　光芒 /072

第四章　重走井冈山——见微知著 /075

　　一　一片多雨的地方 /076
　　二　八角楼 /077
　　三　落水滴檐 /079
　　四　烟火色的斑点 /080
　　五　灰塑勾头的特写 /083
　　六　地面的光 /085
　　七　镂空的记忆 /087
　　八　天井下的阳光 /089
　　九　岁月的刻画 /091
　　十　南方支摘窗 /093
　　十一　乾坤 /094
　　十二　井冈山的民房留存 /095
　　十三　擎枋之拱 /098
　　十四　零落的雨滴 /100

第五章　那些路上的故事——本来不多 /103

　　一　为什么是我 /104
　　二　灌溉渠 /105
　　三　空腹拱 /107

四　成型混凝土制品 /108

五　雅典古城 /110

六　天桥 /111

七　时光遗迹 /113

八　碉堡 /115

九　烟囱 /117

十　炉灶 /120

十一　拆解墙壁 /122

十二　旗帜 /124

十三　残存的记忆 /126

十四　坍塌 /128

十五　脱落的骨架 /130

十六　没有曾经的曾经 /132

十七　柜台详解 /135

十八　角度不佳 /138

十九　斜的门推手 /140

二十　猫之收尾 /143

第六章　重庆大学——战火铸就建筑的不朽 /147

一　建筑与朋友 /148

二　仅有的湖北建筑 /149

三　界限 /150

四　再见白灰 /152

五　窗的遗漏 /153

六　田字密码 /155

七　精致长廊 /158

八　花窗与木楼梯 /161

九　工学楼的标准形象 /163

十　理学院侧面 /165

十一　理学院正面 /167

十二　理学楼回廊 /169

十三　文字斋回廊 /171

十四　多年前遇到的柱础石 /173

第七章　龙岩之光——一个新的起点 /177

- 一　停留 /178
- 二　保护学校 /179
- 三　一种窄门 /180
- 四　圆窗的做法 /182
- 五　墙体的再次总结 /184
- 六　瓦当的轮回 /185
- 七　终于见到壮观的牛腿 /186
- 八　失神的门头 /189
- 九　镂空格栅 /190
- 十　侧墙 /192
- 十一　挑钩 /194
- 十二　垂花柱的不完美 /195
- 十三　没有了美人的美人靠 /197
- 十四　骑楼的总结 /198
- 十五　被遗忘的土楼 /202
- 十六　恢宏 /204
- 十七　梁柱结构的总结 /206
- 十八　似曾相识的外墙 /209
- 十九　透露出来的一点信息 /210
- 二十　土楼窗门扇 /211

后记　建筑中的故事——才是有温度的部分 /215

- 一　时间的由头 /216
- 二　儿时的屋顶 /217
- 三　都市的迷茫 /218
- 四　生活啊 /221
- 五　房地产火热的那些年 /222
- 六　信笺 /224
- 七　错过 /226
- 八　心之荒芜 /227
- 九　结婚 20 年 /230
- 十　我的童年 /231

第一章

西柏坡的神奇
——时光中的停留

这场不能够停止的行走,像极了人生的取舍,一旦选择,就意味着热爱一生。

一 建筑的留存价值

汽车在公路上颠簸了四五个小时之后才驶入西柏坡。山路曲折,一路灰色连绵,偶尔看到的黄红色是秋天的符号(图1-1),为这深秋的季节增添了几分凝重和庄严。

一路上行人不多,我一直看着窗外,寻觅着老式建筑。它们零零散散,主要有两种类型:一种是西北的矮平房,建造材料多为土或砖;另一种是地面上的窑洞,都已被挪作他用,多为停车、修车之处。没有办法下车,快速经过的时候,我有点错觉,从它们身上觉出时光的味道。目光扫到的老房子,有些已经被翻新;有些老房子则被时光忽视,停在那里,一直到今天。

我在思考记录这些老房子的意义:它们似乎会被拆除,我记录下它们几乎没变的样子,对比初时,只是多了点岁月沧桑,然后在机器轰鸣中灰飞烟灭;它们似乎也不会被拆除,我记录下它们慢慢消磨的样子,等待着垮塌,又归于大地,痕迹皆无。

这十年,我对于建筑的感觉是有转变的,曾经以为老房子会很快消失,着急得不行,后来发现老房子消失的速度也没有那么快。而我曾经以为自己的赤诚之心不会变化,只会年轻,后来发现自己老去的速度其实快过这些老房子,于是笑叹自己无知。无论是对于建筑技艺还是对于自己的感受而言,都有了新的理解——开心就好,顺其自然,不耻笑自己曾经的幼稚,这本身就是成长的一部分。

图1-1 秋天的记号

二 落灰的台阶

时光的尘土渐渐覆盖那光滑的台阶（图1-2），曾经人来人往的地方，因为那些人的离去，而慢慢沉寂下来。台阶的磨损不再继续，只剩下尘土的累积。我来到这里的时候已经是深秋，配以这个季节的温度，石板台阶颇符合北方人的硬度。

但不要忘记，这里曾经住着一群来自南方的人。人文的交融最终反映到建筑上，让建筑有了些许不同的味道，那是建筑因人而发生的改变，让人回忆起那段历史。我的脚步点起这建筑中的尘埃，回味里面蕴藏的味道，思绪随时光蔓延开来，又慢慢落下，把这轻盈的尘土凝固成了结实的历史。

老式房子入门台阶的主要功能为抬升整体标高，防止雨水倒灌；而尘埃于低处密度更大，台阶恰如其分地设置，挡住部分尘埃飘入屋内，这是台阶的另外一个用处。

基于人的行走习惯，常见的台阶踏步数为奇数。也有人说台阶的奇数

图1-2 落灰的台阶

踏步数寓意周而复始，因为第一步和第三步用的是同一只脚；也有另外一种类似的解释就是奇数为阳，偶数为阴，故台阶更多按奇数来设置。当然这些说法未必能有什么科学道理，只当习俗而已。

庄重的建筑则需要设多级台阶以彰显气势，同时也会把建筑基础抬高很多。后来，人们需要彰显的庄重感已经不是仅靠提升基础能够实现的了，于是出现了可直接通至二层的楼梯。如果楼梯步数太多，则会在一层顶板位置挑梁出来，做休息平台，把一层称作0层或是B1层。如果不需要那么高，也可以做出下沉式庭院，向下延伸，也能营造庄重感，同样不浪费空间。

在民居中则更多出于成本考虑，越方便越好，基础不会太高。一般三级踏步已足以象征地位身份，所以这里看到的就只有两级台阶，第三级用门槛兼任，维持了奇数踏步这种习俗。归根结底，简单实用是民居建造的出发点，造价是首要考虑的因素，至于风俗等寓意，则只是一种习惯传承，达不到，也不勉强。

三　婆娑光影中的壁龛

壁龛在佛教的寺庙中比较多见，用于放置小型坐姿佛像，大型壁龛就是石窟造像了。但在民间，壁龛则另有用处（图1-3）。其多位于院落及甬道内，墙体如开窗般设洞，内置照明灯具，也就是煤油灯，是旧时夜间照明的一种方式。

其实壁龛用于民居之中也不多见，回顾70多年前的那些峥嵘岁月，可以理解为夜间办公的需要。想象当时的场景：首长在加班，急促的脚步声传来，通信兵跑入小院收发指令，夜色中繁忙又有条不紊，灯龛的存在让这种繁忙多了一些热闹和安全。

佛龛与灯龛两种造型十分相似，功能却截然不同，所达到的效果也不同。佛龛通过向内延伸，产生庄重、有禅意的效果；灯龛则是聚拢光线，主要职能是照明，它的进深空间也可为烛火避风。

图 1-3　婆娑光影中的壁龛

壁龛外形上一般为半圆（上）与矩形（下）的组合，与常见的拱门、拱窗砌筑技法一样，有全镂空的形式，也有半镂空的形式，作为照明使用的灯龛则多为半镂空。结构形式上，因后文还会介绍拱券，这里先不展开讲，基础原理为依靠砖块之间挤压摩擦传导上方来力，分别向两侧及下方分散压力，拱的受力方向正好与其外形呈现的形态相反，重力向拱下挤压，拱券则会产生向外的支撑力。

光影中透着安逸，让我的心一下静了下来。周边的人不见了，初冬的风还不够硬，敲打着墙体，光影斑斓中透露着某种温柔，慢慢将那段历史融入风中，所有的金戈铁马，如今都变得安静。曾经的热闹已经散去了很久，留下的这一份宁静则更加长远。那些人影已消失于视野中，树叶却一季又一季地生长着，树影模糊于墙面，于时光中沉淀。

四　北方民居的瞭望

我以前的书中讲述过很多次门头，门头的各种细节虽然琐碎，但多数都是大同小异，只是图案风格不同。而这里大门迎风板上的孔洞或许与居住者有关联，以前不曾讲述。

北方民居门头开洞的情况并不少见，但更多为网格栅板，且为整面。像这样开造型孔的情况却不多，出现在河北、陕西、山西、河南的部分地区，较为分散。

门头上孔洞的作用我不能肯定，但可以做出很多种推断：或是一种装饰，但这里的孔洞样式比较单一，数量也太少，因此这个推断很勉强；或为眺望之用，与我曾经介绍的围屋相似，但以此处高度眺望外面的情况需要站在凳子上，可能性也不大；从门风家训的角度而言，或是一种表示内外连通的设计，连通本身就是表达一种开放的态度，建筑上表现连通的形式有很多种，如天井、连廊等，孔洞也是常见的一种，我觉得这个理由比较靠谱，多了点建筑文化的引申。顺便提一句，孔洞在海派民居中却很少见，因为要凸显财不外露的特点，不同地域的人性格不同，建筑也是居住者的教育、性格、信仰的一种表述。

图1-4中的孔洞形状十分应景，是一颗五角星，不知是巧合还是有意为之，我认为应该是后者，这样追溯过往，多少会有点关联，也是一种历史印记，可起到点睛的作用。

图1-4　带五角星的门头

五　窗棂的素色

窗棂我讲述过太多次，但仍不觉得千篇一律。建筑构件展现男性力量的部分很多，梁柱檩条有承重感，象征孔武有力；而窗棂细致，却是女性柔美的最佳展现。窗棂有糊白纱的，有裱草纸的，也有镂空的，样式并不重要，却是房屋的门面。人的面貌因眼睛而有神，老屋则因为窗棂而变得温柔。

在月色下，灯光变得显眼，窗棂透露出一抹亮度，后面的人在绣花、看书或私语。生活中，窗棂更多象征的是希望，风雪夜归家的人看到透过窗棂的那一袭烛火，便知那是能放下负累的地方，窗棂的温暖，你或许可以理解。

此处的窗棂多少还是有点不同，它分为上下两片格心，该是地区特点。上面窗扇并非开启扇，主要功能为增加采光。下面的格心则是标准平开式，除了采光，亦可通风，为北方民居的标准窗型。非开启扇的整窗占比并没有特定模数，有人说是整窗的1/3，但图1-5中非开启扇占整窗比例接近一半，而图1-6中则为1/4左右。民居之中的模数是不标准的，口述心传几次，经验就走了样。

图1-5的式样比较常见，竖向棂条为均布，横向棂条为"一码三箭"型，即三根横棂条组成一组，共三组，分别设于上中下，这种式样南北方均有，无论有没有窗棂纸，这种类型都比较多见。主要的特点是节省材料，采光也好，性价比较高。上下两组的横棂条均为两根，实则是借用了窗框，节约一根棂条，控制成本，这让横棂条的数量看似统一，但不失变化，整体图案不刻板，简约不失美感。

图1-6为并不多见的窗棂式样，没有从外面拍照，是觉得从内部欣赏，配以白纱，多些朦胧更有美感。我相信这里曾经是窗棂纸，后来没有人常住，才变成了今天这样以白纱顶替，白纱的塑料材质显得粗糙许多，不够复古，不过细节还是保留下来。这种形式的窗棂，可认为是灯笼式窗棂的一种演化，对称之美是其核心基础，有起就有落，有开始也有结束。

图 1-5　窗棂外部视角　　　　　　图 1-6　窗棂内部视角

紧闭的窗户显然久未开启，这对于窗棂而言也许是有些失落的，磨损出来的缝隙也被灰尘填满。喧闹之后的平静，是每个人都要面对的一种状态。曾经兴高采烈地被人关注，慢慢变为平淡，其实都好。建筑也会慢慢老去，就像人一样，但它从不会说些什么，对你总是仁慈，儿时与你玩耍，青年时为你遮风，老年后又与你一起看夕阳。

六　不闻烟火色

这面墙显然被重新粉刷了，墙面暖白，巨大的枝丫阴影搭配着温暖的斜阳，映衬于墙面之上，墙面已经发黄，但看着舒服。这里想展示的只是那个方洞，观者多会认为是铁皮烟囱的进出孔洞，我也如此认为，只是使用痕迹皆无，因此让人不敢确定（图1-7）。

一万间中国民居会有一万种表现形式，当然不是说类型，而是细节。

图 1-7 墙上的树影

从南到北,从东到西,建筑细节与居住的人息息相关,带有浓重的个人气质,所以很多疑问也就没有了标准答案,只有当事人自己知道。标准在大型古建中或许可行,但在民居中却很难成形,这也是民居让人迷恋之处。

所以观察民居的出发点有所不同,需要感受屋内曾经的烟火气,捕捉那些主人留下的蛛丝马迹,用它们来拼图,跟随这些线索的指引,发现老屋中被人忽视的秘密。时下所说的同理心,也适用于民居,没有过相同的生活状态,是很难体会到民居的真实意义的。说它是废墟也并不为过,如逝去的人会被埋葬,逝去的建筑也会被遗弃,但如果置于共生共长的背景中,那它则是最好的时光载体,人会留下建筑中的故事,建筑会留下人存在过的痕迹。

老北京民居的烟囱口有着三角形防烟侧板(参见《消失的民居记忆Ⅱ》),更为精致和讲究;内蒙古的民居则让烟囱穿玻璃而出(见本书第五章),会在玻璃上切割一个圆洞,烟囱穿过,缝隙再封堵上;这里则是第三种,洞开启于墙上,支撑面更宽,所需的支点也就更少,不再穿越窗户。第三种做法年头或更久，因糊窗棂纸的窗户没法直接承载高温的烟囱，只能另辟蹊径，故需要在墙体上预留烟囱的孔洞，而纸窗早于玻璃窗，可见烟囱穿越墙体的做法或早于穿越玻璃的做法。

消失中的民居更多是近一百年来建造的房子，这个时间点不能小视，它承前启后。前者是古代民居，变化并不快；后者是现代工业产物，从玻璃开始，到混凝土，再到钢筋，一步步甩开过去，又一步步加速，把刚刚学会的工艺淘汰。所以当下还存在的非物质文化遗产（包括古建技法），作为一种文化艺术还可留存；而那些已经消失的建筑构件（如窗棂、烟囱），则在功能迭代中被彻底淘汰了。

七　刻画

老式的办公桌，漆皮落尽，露出凸起钉头的斑痕（图1-8），巨大的坑洼，则是木材的先天缺陷造成的。吃得了苦才配得上成功，从这张桌子

图 1-8　发光的桌角

上，便能一目了然。艰苦条件更能历练人的精神，这是一个残酷的世界，只有信仰坚定的人、无畏挫折的人、不在意条件的人、接纳生活残酷的人，才是生活的强者。

这段时光并没有过去太久，桌子的油光锃亮记录着曾经的热闹，那种热闹是如今不可复制的，即便如今这里已经冷清，但过往已沁入木质，这是真正不可磨灭的历史。生活容易让人遗忘苦难，但是有些痕迹，尤其建筑痕迹，却可以记录曾经，即便过往已久，一丝一毫的刻损却都是一个故事。

老式木桌是全榫卯的结构，在铁钉普及之前一直如此，但从图1-8所示的老式办公桌来看，固定板与立撑之间还是需要钉子形式的铆接固定。在没有铁钉的时代，人们采用的是圆木钉，需要先用圆锉开出略小的孔洞，再把圆钉楔入，与铁钉的功能接近，但连接性更好。随着时间的流逝，铁钉会晃荡起来；而木钉则是楔入，随着时间的推移会更加贴合，越用越结实。即使某个受力点已经损坏，依靠两点间的摩擦，木件之间也不会支离破碎，还可以暂时继续使用。等待维修时，老式木桌发出"咯吱咯吱"的声响，不失为一种情趣。圆木钉在低迷了几十年后，随着工厂加工工艺的改进，现在也成为装配式家具重要的组成部分，因其契合度高的优点，再次普及开来。

木钉是介于榫卯与楔入之间的一种做法，其功能上更接近于楔入。照片中楔入的断面有粗有细，并不一致，较粗且位置规则的断面为最初的木钉，较细且位置随意的断面或许为后补的铁钉，证明这桌子的历史悠久，也体现出时代的交替。虽然处理得潦草，但解决了基本的晃动问题，适当的楔入式修补，可以维持物品的使用功能，同理，适当地修补关系，也是维系鸡毛蒜皮市井生活的基础原则。

八 抽屉的特质

我们儿时的木制桌椅，并没有这样的抽屉（图1-9），因为学生没有

图 1-9 老式抽屉

啥隐私,有了抽屉也不便于放置书包,所以是空桌洞,现在还记忆犹新。书桌里面啥都有,等到一个学期结束的时候,会从角落里翻出干饼子,居然没有坏的迹象,就是咬不动了,这是男孩子邋遢的桌洞。

老师们的桌子就不一样了,与这张照片类似,又分为多种类型。有仅中间设一只木制抽屉,两侧均为柜门的类型(见本书后记);也有上设两只或三只抽屉,下设柜门的类型,但都是对称式的。两只抽屉的好理解,三只抽屉的则是以中间抽屉的把手为中轴线来对称。所以对称并非一定是偶数件,奇数件的对称在建筑中更多见,围绕一中线展开,体现了中式文化的中轴对称理念,显得较中庸且传统。

抽屉木把手的做法也是榫卯结构,只是工艺简单一点。抽屉面的榫口打开后,打磨成型的把手由里向外砸出,后端稍小,在需要固定的位置砸入木质楔子,靠着挤压的摩擦力严实地塞满榫口,十分稳定,不会因长期推拉而掉出。而前端没有受力,不会出现损伤,不影响美观。这比现在的金属拉环把手更加稳定，那是靠螺钉来固定的，易松动。

所有的联系只有相互制约才能真正稳定。而如果只是靠强力或是拉结来固定住，时间会让力变弱，连接变得松动，最终脱离，这是榫卯的哲学。要尽量采用同一种材质进行组合，要把时间的改变效果融入设计中，与时间成为朋友，历久弥新而越加坚固。

抽屉框架在右下露出了两个榫角，分别为横板与纵板的榫头，因看不到内部结构，我只好用意念透视：横板榫头插入桌腿的榫口，在没有完成固定的状态下，纵板榫头再插入纵向榫口，三个部件相互卡紧，固定在一起。确实可见分处两端的榫头印记，越是受力，就越紧凑，原理不再提。榫卯存在多种很复杂的叠加状态，是需要实践操作才能弄懂内在奥秘的手艺，越是复杂，越是牢固，外观也愈加美丽。简单生活是快乐的，复杂的生活却是稳定的，这点在建筑和生活中通用。

九　来来来，我们放大看

如果那个看不到的榫口遮挡了你的想象力，那就看这个房屋梁、柱、檩的联结（图1-10），它们要简单直观得多。柱做榫头，直接插入梁的榫口，檩则从斜上方插入另外一个榫口，它们之间虽没有产生相互紧固的作用，但是拉结效果还是存在的，属于屋架中整体榫卯的部分。

屋架的榫卯可看为外榫卯，依靠网状相互的拉结力形成整体，如我曾经说过的吊脚楼，是比较典型的一种；而桌腿的榫卯是集中在一点，向外相互牵扯，为内榫卯。两种受力不同，屋架是对外力产生向内的抵抗作用，桌角则是多个内部摩擦力向外的综合效果，但都是榫卯。

黑色的建筑构件，主要有两种常见的情况，一种是曾经过火，另外一种是沥青防腐。在这个经历过战火的地方，过火的概率相对较大。过火的木制构件多会出现横裂，是噼里啪啦着火后的效果，这种裂纹会密密麻麻，向外翻着，颜色会较重，又多有部分脱落，是木材受热后膨胀的结果，所以不难识别。而沥青有防护作用，会让表面更加密实，但仅限于梁

图 1-10　屋梁、柱、檩的联结

柱，其余的部分，如苇席等则不会涂抹沥青染黑。而这里的苇席也是黑漆漆的，是轻微过火或过烟的痕迹，只是并未彻底烧毁。当然也有可能这附近曾经有食堂的烟道，熏黑而已，若如此，白墙必定是后来粉刷的。

十　核心特点

西柏坡的这些老房子中，我记忆最为深刻的就是这些火墙（图1-11、图1-12、图1-13），这种火墙与曾经介绍过的火炕看起来并不相同，但原理一致，都是过去用于供暖的智慧结晶。

有人说因为附近修建水库，西柏坡原址已经沉入水底，为了保存这种具有历史价值的建筑，人们对房屋进行了整体的搬离，也就是在新址原样复建，这一点我无法证实。一般建筑迁移会保留原样，但建筑细节会有所出入，因为复制不再使用的设备时，其实很难完整复制功能性的细节，或

图 1-11 火墙示意一　　　　图 1-12 火墙示意二

图 1-13 火墙示意三

正是因为如此，这几张照片中的火墙，样式各异，却无法一眼看透其中的供暖思路，只能将几张照片相互对比，逐步剥离出原理。

整体的外墙结构确实让我惊讶，最厚的部位有一米之多，不难猜测，内部都是空气层，两边分设内外墙体，合在一起被称为火墙。利用空气层传递热量，相当于把北方的火炕给立了起来。但从使用功能上考虑，火墙与火炕应该并无直接关联。火墙应是与火炉相对应的供暖设备，只是采用夹层的火墙代替了铁皮的烟囱；而火炕则用于夜间炕底保温，睡眠舒适。这里没有将火墙与火炕建造为一体，或许是因为有人睡不习惯火炕——我就是如此，容易上火，也就各自分立了。炕可以用床代替，但天气寒冷，供暖是必需的。

发明这种供暖设备的设计师必定很聪明，就地取材，又就地改造，与后文将要介绍的窑洞对比，其实是一种窑洞供暖工艺的改进和借鉴。

首先来说窑洞内的供暖（图1-12），坑口在室内的火墙相对复杂，理解透了，坑口在室外的火墙的原理也就容易延展。炉体部分与室外的炉灶是接近的，照片中下端是一块木板，其下面是加柴及出灰的坑口，与火炉不同，应该是共用一个炉腔，内外坑口火墙在坑口的设置是相同的。不同之处是坑口在内部的火墙灶台部分抬高了一段，使其上的铸铁圆洞十分明显，这点可以参考室内的火炉构造，原先或还有一个圆形的铸铁盖子，为灶口，有多种作用，但主要是方便进风，通过炉盖的开合程度，控制燃烧的氧气供应，其次也可以观察燃烧状况，是否需要添柴加炭，当然也可以在上方放个红薯土豆什么的，慢慢烤熟。

炉腔上方还有一个小方洞，黑乎乎的，也通向火墙内，多数坑口在外的火墙未见设置，可根据后文一氧化碳中毒的内容介绍进行推断：在烟道不畅或是风逆行的时候，这个小洞会临时起到正压补风的效果，不至于因燃料缺氧而造成燃烧窒息，也不会因燃烧不充分而产生一氧化碳。

坑口在室外的火墙中，仅第一组（图1-11）火墙有烟灰的痕迹，实际使用过的设备分析起来会更有把握，说服力更强。其与坑口室内型相同，也可以看到铸铁的坑口，但坑口的位置并不同，坑口室外型多设在拱洞内，坑口室内型则设于拱洞外。

坑口室内火墙和坑口室外火墙的类型均有拱洞，它的用途就不好确定了，只能猜测：第一组火墙的拱形洞口与坑口在同一空间，设于室外，避风的意图明显，也方便点火，因为使用痕迹明显，看得出来坑口烟熏火燎，避风的同时，也积聚了烟。若坑口室内型也这么设计，那确实不好打扫与清理，所以第二组设于室内的火墙拱洞，不存在避风的考虑，拱洞与灶台前后设置，炉腔与火墙脱离，使拱洞更像是一个置物的壁龛，且经过修缮粉刷，没有了使用的痕迹，我只能理解有烘干被褥、热饭之类的作用，至少不会那么脏了。第三组火墙（图1-13）则没有看到坑口，只剩了加柴、出灰口，或者已经损毁，或者仅保留供暖功能也可行。

这些坑口是我一直看重的建筑节点，走过了国内、国外，如此特别，如此有创造力的想法，并不多见，我确实被震惊到。其实本是参观学习，深深吸引我的却是建筑细节，也算是额外收获。智慧也会过时，如这些遗迹，但不可否认，确实曾经存在。我太过欣赏，才有了本章，那么努力地记述，反复核对了很多遍，仍然怕有说得不对的地方，并非怕读者批评，只是怕忤逆建筑师的设计初衷，这是作为草根作者的最难之处。

十一 斜撑梁

无论这些老房子是不是原样复制的作品，其中的建筑节点还是十分丰富的。如这斜撑梁（图1-14）并不多见，它的特别之处是如同一支折叠梁，通过转角节点的过渡，将受力在此处进行二次分解。如果没有这个受力角度的重新分配，檐部的重力会更多压到下面的墙上。而设有转角节点后，受力会部分转移至两段扇形梁的交点处，有向外侧压的趋势。扇面梁对比于同样的直梁，受力因角度的出现，垂直向墙面的力变小，平行于墙面的力增大，即压向地面的力增大，墙体所受剪应力变小，受力更加合理。

力不会凭空消失，只会转移。由于减弱了部分斜向下的受力，自然节点承压会更大，成为薄弱点，如同两手反向掰弓，中间节点有被掰断的倾

图 1-14　斜撑梁

向。所以很巧,在节点内侧又增补两垫块(照片中比较隐匿,需要仔细辨认),予以加强,因为它们的存在,节点强度增大。

十二　真正的"抬梁式建筑"

这里打上引号,是说眼前的结构并非抬梁式建筑的传统造型,但也无错,柱上抬着梁的做法与这字面含义更相符。而这"抬梁"的做法,在有限的建筑条件之下,让空间变得尽量高大,在有限的条件下制造出了一种相对恢宏的效果。

这栋建筑十分有名,它是中国共产党七届二中全会的会址,原本是一座食堂,因为这次会议的重要性,它被后来人格外关注。在一个普通场所内完成一个重要会议,似乎是历史故事的通则,平凡中造就了伟大。

这里所见的"抬梁"做法(图1-15)是为了不遮挡顶部的天窗,左侧的光斑即是天窗采光的效果。在北方，老式建筑的天窗并不多见，因为北方的民居多为尖顶平房，要糊裱顶棚，为不上人顶棚，与南方的住人阁楼不同，屋面并没有设置天窗的必要。

天窗的位置也比较有意思，实际位置在前排座位的上方。我脑海中生出一个画面：开国元勋们开会的场面是热火朝天的，烟雾缭绕的场景或许很明显，如果没了这个天窗，排烟排风的效果会差很多。设置天窗的初衷是为了食堂进行换气通风，开会时又把这种功能予以利用，保持清醒、清洁的环境对于决策同样很重要。

梁分为三排，于进深三等分的位置架在两边的山墙上，距离顶部还留有一定的空间。这种平铺没有了抬梁建筑层层消退托起的尖顶，改用了一排小柱，如抬梁建筑中的瓜柱作用，其两端均有榫口，托起进深方向的檩条，脊檩没有了主次，所有的檩条均为相似的截面，压在门墙和背墙之上，三道梁分别与檩条通过小瓜柱交叉支撑，形成了平屋顶的效果。

图 1-15 "抬梁式建筑"

第一道梁给我留下的印象十分深刻，它并不直，有很多史实照片可以对照，是原样、原物，只是史实照片为黑白。从建筑构件来看，有史实照片可以跟当前彩色照片对比，是一件荣耀且罕见的事。

这种对比让我脑中闪现另外一个画面，故宫乾清宫上"正大光明"那几个字，在我儿时看的影视剧中常见，同样印象深刻，长大后总想着要对比一下现场实物，有点像时下流行的从二次元寻现实之景的意味。不过民居中的一道梁能让我清晰记得，得益于历史翻过多年后，它岿然不动的一种穿越感，历史事件能有照片对比是难得的，这会增加文字本身的可信度，故格外描述这种感觉。

对比影像稀少的过去，现在的记录要简单得多，短视频也好，照片也好，还有各样的记录电影，几乎所有的现存建筑都会被有意或无意中记录下来，并被存储，所以不用我再去记述。未来信息将呈指数式增长，不过太丰富，也有弊端，流量过后，除非有意为之，很难被人再次提起或是翻阅。

城里的鸽子房，大家都是千篇一律四四方方，这代年轻人随着父母换房、再换房，还没有留下太深刻的记忆，就已经离开了家乡，奔向了另外一个城市。似乎民居的概念只停留在了21世纪的初年，后来的民居内生活痕迹普遍不重，没有了几代人、几百年的生活经历，民居概念的淡忘是一种必然，却也是一个新时代的开始。

这根梁之所以能够被我记住，还有一个原因，是我欣赏其中的一种态度。不管是梁还是檩，都不标准，坑洼不平、歪歪斜斜，这不直的一根梁，通过上面长短不一的短柱，却实现了找平，把缺点予以回避，转化为更多的优点。天窗可以开起来，层高变高了起来，屋里亮堂了起来，这何尝不是建筑的艺术。

生活中亦如此，即便没有突出优点，即便真的很难，但都不是绝对的。战役是否可以取胜，屋梁是否可以物尽其用，全看一个领导人或建筑师如何去控制局面。不需要太在意细节，而是要用合适的榫头去堵上另外一个合适的榫孔。世间没有垃圾，只有被浪费的人才，那些鸡鸣狗盗之技亦然，是实现整体效果的重要一环，从建筑到生活，皆为此类哲学。

十三　拱形的真实寓意

我曾想西方古建筑中有那么多的石头拱券，为什么在中国石头拱券类的建筑相对较少呢？中国山地并不少，但以石砌建筑为主的城市并不算多，这要先从石砌建筑群的几种常见类型说起：一种是以宗教为背景的高大教堂，从教堂扩展至民居，多见于西方古建群；一种是有防御性质的城堡，相对独立，如日本的大阪；还有一种则多在海边，利用石头自重来抵御台风，多为分散布置。大规模的石砌建筑群首先需要有相应的文化氛围，也要有能承担大体量石砌工程的施工团队，小面积、结构简单的石砌建筑民间尚可实现，而大面积、结构复杂的石砌建筑，则需要长时间与大量的人员，难度增大许多。但在中国，文化底蕴与工匠并不缺少，并非问题所在。

从粤北石砌碉楼建筑中可见西方建筑与中式建筑融合的痕迹，多独栋，是防御类型；从日照的建筑中可见海边的石砌民居，为抗风的类型，分散于村庄，也没有形成多层、大规模的城市建筑群；反倒是在济南的近代城市商业建筑，同为建筑舶来品，却形成了石砌建筑的商业楼宇群，所以归根结底，还是中国传统建筑文化的基础并不在此。

文化只是基础，建筑差异的形成又是什么原因呢？我们要从另外一个层面来看，榫卯技术在国内十分成熟，有千年的历史，为主流技术。针对大多数在土地上居住的人来说，选取木材与泥土的土木结构要合理得多，建造简单、轻便。即使建造宫殿类的大型建筑，采用大截面木料，多层次榫卯，同样可以表达出宏伟的效果与复杂的构造。基于以上的分析，成型的石砌大型建筑在国内很少也就好理解了。

当然有优点就会有缺点，土木结构使用周期缩短很多，目前多层砖混住宅的规范使用寿命多为70年，土木结构的建筑应该比这个时间要略长，因层数更低，维护也更加细致，但也很难超过百年的期限。在国内能够延续百年的民居类建筑中，多见青砖类的古建，也是因为其质地更坚硬，承重性更好。而石砌类建筑虽然建造用时更长，譬如高迪的圣家族教堂，已经历经一代又一代人，还看不到完工的迹象，米兰大教堂的建造更是耗时长达五个世纪,但相对土木结构而言,石砌建筑确实寿命会更加久远,这与建造时间相互对应,为正比关系,主要原因还是石材的耐久性和抗风化性都更好一些。

这个拱门(图1-16)是拱券的一个简单展示,为石头门洞的常规砌法,与本书的土木结构、窑洞造型显然没有关联,作为引导,只为与后文的西式拱券作对比,是对这种技法的初步理解。

拱券多是由脚手架模板固定出外形,在其内部或上部逐步堆叠石材,当最后的一块石料插入后,整体结构达到稳定,完成整个受力的平衡,即可拆模。拱形建筑最后撤模板脚手架,与砖混结构的上大梁一样,都有一种大功过半的意味,会鸣放鞭炮,让我记忆深刻,因为儿时爱看热闹,这种时刻有好吃的、好玩的东西,还有战胜自然界的成就感,这也是建筑的力量所在。

榫卯结构依靠的是合纵,将不算太结实的构件连接起来,形成强大的

图1-16 石头拱门

凝聚力；而石砌结构则依靠的是"连横"，将强度很高的建筑材料堆叠，依靠其本来就强的硬度，形成强度更大、体量更大的建筑物。这其实与东西方文化相互关联，也与东西方看待事物的观点相关，并不存在优劣，只是一种文化的缓慢养成，可以相互理解与相互欣赏。

十四　窑洞结尾

图1-17中的各个节点前文中多已经介绍完毕，于此收尾。在《消失的民居记忆》一书中，对于窑洞的介绍很多，但因为其归属于黄土高原，所以无论是壁龛式或是地表夯土式，其材质均为土质，所以这里的石砌式窑洞有必要单独展示。

在西柏坡的建筑中，这样的窑洞其实也是少数，更多是北方梁柱式平房。在这样一个小村子中，就存在土房、砖房、窑洞等多种建筑形式，建筑种类已算丰富，这与曾经居住的人来自天南地北有一定的关联性。

窑洞从这个角度展示比较清晰，大石块筑地基，方形等规则石块建墙，三角形等无规则石块筑上部墙体，直至顶。但墙面很平，这点做到其实不易，采用了石灰或水泥勾缝的方式进行找平及美化（水泥大概率是新中国成立后的补砌），从基础到顶，清晰表达了石砌民房的墙体做法。顶部与七届二中全会旧址的做法类似，檩条平搭于山墙，梁檩十字交叉即可。

檐檩采用杠杆原理，檐梁作为支点，藏在檐梁内的部分更长，伸出的部分较短，故屋面保持平衡。檐口再用斜撑梁固定，增强其稳定性，做法均相对简单。

窑洞门面的砌筑采用了前文记述的拱券做法，也是最简单的形态，需要设置脚手架及各地习惯的模板。西方建造技法中很早就出现了类似混凝土的材料，在砖块完成拱券的堆叠之后，工匠们还会注浆。但简单的民用窑洞，则在砌筑土砖时直接抹灰即可，成型后拆模，再拆脚手架，与当下的钢混结构如出一辙。

图 1-17 西柏坡的窑洞建筑

东西方在建筑形态上完全不同，各自依托不同材料发力，一边是木头，一边是石头，但最终又双双被历史迭代更替，整体走到了钢混的形式。基于钢混的性能，中式建筑的外表细腻，现在得以随意发挥，不拘泥于榫卯的复杂；基于西式建筑更高更大的追求，钢筋混凝土的出现让高层建筑成为现实，甩开了堆叠的石砌桎梏，让复杂工艺变得简单；又基于中式榫卯的思路，在钢梁结构中，形成了网架体系，连接构造更加稳定和强大。两种功能，一刚一柔，也有刚柔并济的建筑形态，如外表框架为钢筋混凝土，内部空间则采用网架，如我们家门口那个你不可能知道的图书馆。但也有外部为网架的架构，内部又浇筑混凝土的情况，典型如奥运鸟巢。

第二章

供销社的秘密
——无限美好

看父亲的老去,才发现,每个人都是一本书。

一　当时光停顿

这一段路，我其实走了很多次。每次归家，都是夏天，而每个夏天，我都会带着父亲、儿子、老婆奔向草原。每次都会路过这里，却总是因为我反应慢而停不下来。这一次，我一年前就和司机师傅说好，不想再次错过。人生不是每次错过都能够再来一遍。因为很多事有也许，更多事则没有也许。因为疫情的存在，大家的出行都缓慢了下来，我的迟钝也就不那么明显。

而我所见到的这个商铺确实属于我想象的样子。原来的模样定格在那里，时光再没有移动，如同那定在水中的暗流（图2-1），无声却隽永。商铺随着老人们的逐渐消失，在慢慢地塌陷。等供销社再次被人提及，我才意识到它曾经的功能，我眼中的商铺，在几十年前曾经被称为供销社。

其实这房子对于父亲来说，可能并不算太老，就在他年轻时工作地点的附近。父亲总不和我说他年轻时候的模样。他16岁就参加工作，居然还

图 2-1　水中的暗流

是教师，他的学生，甚至有与他年龄接近的，也许还有更年长的。我不清楚父亲作为孩子老师的样子，学生是不是不好管理？他的很多秘密，都在他脑海里，不愿再提起。虽然我不解，却又似乎能理解，有些事我也不愿意向儿子提起，每个人或许都是如此吧。但父亲因此改变的痕迹却无法遮挡，他抽烟喝酒应该都是那时候学会的。

就是那么巧，我停车下来，路过的一个老人一眼就认出了父亲，喊着："白老师，白老师。"父亲也惊讶，这么远，这么久，怎么这么巧，这就是父亲的学生，也已是耄耋老人。他带父亲去他独住的小屋，第一件事就是拿出酒来，和父亲一人一杯。我也不好说什么，让他们叙旧一会吧，我转身出去看我的老商铺。

二　大门的记忆

我对大门有着很重的情怀，儿时所在大院的门口立柱多是如此构造（图2-2）。门垛为两个砖柱，砖柱中间多有凹槽，表面是水泥抹面，一般为悬挂单位牌匾；如果空白，则是过年时贴对联的位置。有时砖柱上面会架设一个拱形的铁架子，中间放一个五角星或是单位的标识；也有干脆就是两根门柱的，如这里的样子。外形会做成宝塔形，顶部尖顶收口，像个茶壶盖。如果做了二层的檐部腰线，就有庄重的意味，也让人容易确认这是大门。

我儿时的大门就是各家属院的领土标识，两边会各自伸出一个坐人的台子，我记得当年我可以坐在上面，听路边小店放着《吻别》，一遍又一遍。我则乐此不疲地跟着哼唱，情窦初开。路对面的小区不大，却十分陌生，只记得那个家属院的孩子很野，深深的小巷不知通向何方，我曾充满敬畏。

孩子脑袋的内存不像大人，填充不了那么多琐事，不会庸人自扰，只装着自己开心的事就好。回看今天的自己，惭愧得要命，是什么吞没了自己的开心和轻松。无数的诱惑，不断实现目标，脚步踏遍了世界，焦虑的

图 2-2　生产队的大门

内心总怕遗漏了什么,其实也得到不了什么,心存不甘,感到疲惫,却无法放下。

三　云展云舒

草原上空的云会堆叠得很高,然后又坍塌下来,光线透过云层缝隙,形成带光晕的边沿,让你觉得奇幻,又觉得壮观。云层变脸又很快,一会就飘到面前,天色越来越黑,之后就是轰隆隆的一阵大风,大雨点子和这里的性格一样,打在身上很疼,雨下不久,一会就飘走了,就像是什么也没有发生过一样,又是蓝天和白云,翻脸和恢复一样快。

一年中偶尔也会下大雨,操场会积一个大水坑,当然不会很深,适合雨鞋探入。但很神奇，在干涸的这个过程中，会如同地球生命诞生一样，出现灰色的翻车鱼，还有五颜六色的各式小鱼。长辈说那不是鱼，是蛆虫的幼虫，我断然不信，那么美丽，还那么可爱，怎么会呢？那些积水最多也不会持续一个星期，每天拿着小瓶子出去抓鱼，是我太过美好的过去。那些翻车鱼长得很快，在越来越小的水坑里多得数不清楚，但第二天水坑干涸了，就什么也看不到了，不清楚是死掉，还是继续沉默于土壤中。生命未知的事情太多，就像一个神话，曾经真实的出现，消失后却被当成了一种谎言。

我不能记起所有的童年时光，而那些当初并肩摸鱼的人似乎都忘记了这水塘曾经的存在。也许我的人生只能自己做主，留下一些文字，可能未来有人会觉得熟悉，找到曾经共同的时光，这也说不定。

儿时所有店面的构造，其实都与这座房子类似（图2-3、图2-4），上小学时每天路过的食品厂，曾经一把大火烧得什么也不剩了，就剩那个门

图 2-3　供销社全貌

图 2-4　供销社门头细部

牌让我记忆深刻。那时候小工厂的门面会用粗砂子打底,预留空白的长条空间,多数不会有标牌(有标牌的见第五章新华书店),有标牌的多是企事业单位。在农村更多是这种没有名字的供销社、小商铺,有门面是一种身份的象征,很是荣耀。有时候会有标语,一段时间过后标语又被涂抹掉,只剩空白,但会留有痕迹。再后来,新的建筑中并不多见类似的留白,可能觉得实在用处不大,装饰贫乏又缺乏色彩,当然更多的原因是来自于灯箱的普及,这种留白失去了存在的价值。

四周用砖垛砌出来造型,凸出的与凹进的砖块构造出立体感,相互斜着的砖块构造出一种波纹造型,长短不一的砖块拼接可形成菱形镂空,成为透景墙。以上均为建筑原始美学,是砖砌的力学技艺与美学思考的结合。随着混凝土的出现,砌体结构慢慢消失在了建筑历史的尘埃中。

中间的大门上方会有一个砖砌券顶,为了突出重点,这里大面的留白,则多会是店面的名字了,多为墨字打底,黑油书写。并不存在阴刻、阳刻,因只是民房。

平房的四角会有砖柱,让我想起哥特式建筑,这种欧式建筑引入的痕迹确实明显，也是时代标志，算是一个短暂时间段的中苏建筑融合。其大量出现，替代了中国的土木结构，更加坚固，如未被拆除能留存到今天，普遍保存状况依然不错。在20世纪80年代后，城里这类型的建筑渐渐消失。这种房屋所处年代比较短促，但时代痕迹却明显，显然是建筑业更迭加速，世界沟通也加速，建筑技艺突飞猛进的结果。

四　如今的过去

　　超市快速取代了百货业，要知道我们小时候有"站柜台"一说，就是指售货员，这种职业显然已经不存在。如果在超市中看到工作人员，我们可能需要叫他理货员。超市刚出现时，我很好奇没有售货员，我要买那么多种东西，到哪里去找？万一有人偷拿东西又怎么办？这种困惑很快就消失了，虽然确实有东西找不到，但可以顺便看到其他的替代品，偷盗问题也一直不能完全杜绝，但并不能影响销售大局。这让我发现了一个事实，这世界你所认为的一定、肯定的事，在更换了一种思维方式的角度下，就不再变得绝对。确实需要适时调整自己的心态，学着接纳新鲜事物和观念。

　　因为门后面（图2-5）有人住，所以我没敢进去拍照。从外观看，我想这是真正的24小时店，门后我遗漏的景象，仿佛能让生活状态退回到20世纪80年代。黑色的煤烟灶上方应该是镀锌铁皮的烟囱，后面的大水缸则是居家必备。我儿时会冲进屋拿起瓢，舀起来就喝。水缸里的水也总是用不完，会担心停水，因此不停加满。那时停水是挺普遍的一件事，所以这水就很难说是不是新鲜卫生了，对比没有自来水的日子，显然这种水缸同样是两个时代的中间产物。

　　对面的灶台则是饭灶，连通左边看不到的火炕。前几天夫人看电视剧，看到东北一家人睡大炕，作为南方人的她很不理解。但这种不理解也很正常。受当时生活条件所限，一家人才睡在一起，今天来看，是有些尴尬，但小时候并不会觉得。直到我稍大一点，家中条件改善，我才睡上了单人床。偶尔在亲戚家过夜,会和表弟一起睡炕,还是蛮期待的。清晰记得我们在被子里蹬来蹬去,那是属于孩童阶段的快乐。

我们小时候,家家都不大,过道基本也就够转过身的空间,小时候一家五口人,父母住的堂屋兼做厨房,带炕,左侧是两个姐姐的卧室兼做书房,右侧是我的房间兼做客厅,我的屋子算是最大的。三间屋子听起来不小,但其实今天看来,可能也就是40~50平方米的样子;长大后觉得楼房每一户都好大,不过呢,过着过着,就觉得70平方米太小;再后来100平方米也不大;真到了140平方米,也总有放不下的东西,堆得哪里都是;后来又有人有了别墅,但却只剩下两个人。那天看到一个联排别墅,居然有五层,我不敢住,一个人的时候都觉得害怕,而夫人则觉得这屋子没法打扫。

图2-5 供销社柜台入口

五 牛仔门并不是西方的产物

这种矮门(图2-6),多被称为地中海田园门或是牛仔门,在此我们简称为柜台门吧。它是分隔商家与顾客的一扇矮门,为什么使用矮门?道理很简单,是为了与柜台平齐。

但我想到的是另外一件事,以前我不懂大人与小孩子说话为啥要蹲着,后来有人说这样会让孩子感受到平等和温和,所以也就能理解这门的意义了。首先这个门作为一种隔断是为了方便管理,其次这门不能太高,以免让人感到冷漠或产生隔阂,迎客的门槛总是要低些。

单向外开是方便内部人出来,并阻止误入者的侵入,很合理。有的时候此处也可以变成一道上下折叠的门,盖上后是一块柜台的台面,打开后

图2-6 柜台的矮门

可以压在右侧的柜台上,让人进出,再归位。合页由侧向安装变成了水平安装,但功能是相同的。

柜台门多为实心门板,与民居商铺的插接式门板结构类似,由三面外框包覆,底部框为双层槽状设计,便于内部竖向插接格栅板,门板最后以顶框封边。

这扇矮门显然已老旧失修,可能格栅板已经松动脱落,只好在外侧上部又钉了一块木板,略微挡住了这散架的趋势。

六 柜台前的阿姨

柜台前的阿姨成为我小时候的深刻记忆:我打一斤酱油,阿姨把漏斗接在我的瓶子上,从大瓮里舀一舀子酱油,正好是一斤的量,倒进漏斗,我给她8分钱,再给老爷子买一包两毛钱的花生米,那是他下酒的佳肴,也是我所喜爱的零食。不明白现在的五香花生米怎么那么多变质的,也不知道我小时候吃的是不是也都是这样?反正现在的五香花生米,我多吃不了几颗,总觉得黄曲霉素超标,心里抗拒,生活品质的提高让我们更健康,但也让我们变得挑剔。

剩下的两分钱我会买一块果汁糖,这是好东西,软、甜、果汁味浓重。长大后这类糖被称为了瑞士糖,我不懂这里面的关联,但确实觉得是一种东西,只是不再单卖一颗,而是一排。对于血糖越来越高的我,一排消受不起,也就很少再主动去买了。与儿子说起这糖的味道,他不觉得有多好,这个不奇怪,脱离了背景环境,那种渴望的感觉也就不复存在。每个人的刻骨铭心,都属于自己,说给别人听,别人大多难于理解,所以父亲不与我说他的过去,或也是觉得我没法理解吧。

我一转眼就长大了,回家路上这柜台(图2-7)后也早就没有了阿姨,她们都随着那时代的车轮消失在远方,但这柜台后的样子居然一点也没有发生变化,布匹还立在上面,确实是拿来售卖的。我有点好奇现在谁还有做衣服的手艺,但在没有成衣销售的那个年代,大家都是买了布匹再

图 2-7 布匹的柜台

去裁缝店量体制衣,以至于我对于温州商人最早的认识居然就是裁缝。

20世纪80年代初期,路上一下子出现好多温州裁缝店,当时我觉得他们就是专业的服装设计师。现在回看觉得自己很天真,他们其实是优秀的专业商人。他们的孩子也和我一起上学,他们就和商业的游牧民族一样,短暂的出现,几年后又不知道搬迁到哪里了,但店铺都改弦易辙,变成了本地商铺。等我长大以后才了解到,原来他们又去了欧洲、美洲,越来越厉害,越来越有钱,有了"温州一家人"。

让我记忆深刻的则是温州同学的富裕,即便是那个时候,他们已经让我羡慕不已,他们吃得起方便面。今天看来不可思议,但当时方便面刚出现,显然也贵,竟成了富裕的象征。所以,有些新事物可以等等,它会贬值得很快,你也能够消费得起。那些真的有价值的东西,如思想,则不要轻易迷失,看似不能拿来换钱,但失去了就难以再找回来。

我用目光扫了一遍看有啥新鲜物，却看到柜台左上角的白铁皮烟囱（图2-8），这个东西在城里确实比较难见了，而出现在商店里则更是罕见，以前会单独在五金店销售。农村的商店则基本涵盖了多种需求，是因农村的购物需求并不需要十分丰富，但更侧重常用性，与城市内的物质极大丰富不同，白铁皮烟囱出现在这里就不意外了。

烟囱在我以前的文中出现过多次，但一直没有实景的照片（实景参见第五章），因为烟囱一有损坏，就被拆下卖了废铁，所以残破民居中很少遇到，多仅剩墙面的孔洞与风罩。各地房屋虽不尽相同，但烟囱却是相同的，且标准也是类似，都是镀锌铁皮，直径10公分左右，每一节长约0.8米，为了方便固定，端部10公分处会留有凸起圈，两节烟囱对接后，角度不断增大，摩擦受力也逐步增大，最终卯实。拆卸的时候正好相反，上下摇动烟囱的远端，逐步退出外部的一节，受力逐渐减小，最后拔出。

煤烟炉在中国用于供暖的时间并不算短，早在北宋就已出现，但镀锌

图2-8　五金的柜台

铁皮的出现时间并不算长，该是清朝末年到新世纪元年这百余年的事。在此之前有卖炭翁，多烧的是木炭，用于南方的火盆，而北方是火炕，采用煤作为燃料。只有镀锌铁皮的烟囱出现之后，才有了较为完整的室内供暖系统，其热媒的传递主要依靠烟囱，与后来的暖气片作用相同。

室内的烟囱表面温度不算太高，会烫人，但又不会烫伤，甚至可以短时间在上面捂手。与新时代的交接中，唯一不适应的却是羽绒服，化纤面料，一蹭就会烫出来一个洞，让人心疼的不得了，有一段时间，我穿化纤衣服看到烟囱会有心理阴影。这是两个时代的痛苦纠缠，直到一方退出历史。

烟囱同时也是排烟系统，漏了一氧化碳，那是会出人命的。我们儿时常有中毒殒命的事发生，每个冬天总有报道。所以父母很辛苦，睡前要压火，不能让它熄灭，要不早上还需要再次生火，但还不能让它反烟，燃烧不充分就会释放一氧化碳。这种技术到我这里终于失传，也证明了生活水平的进步。

七 永远擦不干净的地面

其实我记忆中的砖地是那种长条灰砖的地面，这里也有那么几块长条砖（图2-9），但不清楚这些灰砖与这些方砖的时间顺序，推测方砖更久远，因长条砖显然不如方砖考究。方砖中有黑色的添加物，看得出是一种加了骨料的石灰类地砖，其造价应比普通长条砖贵不少，应为专门用于官家或豪宅的地面。方砖损毁，后补的显然就是普通的长条砖了。模数上可看得出来是有差别的，并非两块就可以叠成一块方砖，所以需要找平，而修补破坏会引发持续破坏，于是一排的方砖就都被替换成了长条砖。

从磨损程度可以看出方砖的硬度相当高，其被破坏的主因是被砸坏。从毁坏的程度来看，长条砖敷设时间应有30年以上，而方砖至少有50年历史了。经历过的事多了，人也好，砖也好，都会显得更沧桑一些。

从砖地发展到现在的木地板地面，其实这中间还有一个水磨石和水泥

图 2-9 很难再见到的砖地

的阶段,它们出现的时候,都代表了装修的"天花板"水平,慢慢地那时"天花板"水平成了现在装修的"地板"水平,甚至水泥地几乎消失了,但留存下来的材质说明本身过硬,如大理石、花岗岩等。故宫外面的长条石板,虽磨损严重,但至少还能存留。所以灰地砖的案例比较少见,能够留存,必然是材料相当考究、强度经得起考验的类型。地面磨损、破坏都更严重,所以现存的灰砖地面,其实要比砖砌的老屋和榫卯的结构更加少见,而我其实也是初次见到。我本意是要来寻觅长条砖的,结果意外发现更加珍贵的资料!

不过不管是哪一种砖,灰砖作为地面的缺点是相同的,就是缺少勾缝,容易积存浮土。儿时我扫地的主要内容就是把土扫进沟槽里,虽然是一种糊弄人的做法,却不能轻易被人发现。前几天夫人的同事来家里吃饭,居然帮我墩起了地,说地上有水渍的印记。我说我刚墩过不久,只是没有拧干,就有了水渍。她说:我有强迫症,看着难受。我突然觉得这个时代也太纯粹了,我们儿时土糟糟的地面,省却很多的烦事,也让我们不那么过敏,要求低其实是一种宽容和善待,不只是对自然,也是对自己。

八 裱好的顶棚

在我的民居相关著作中,不止一次介绍过纸裱糊的顶棚,却都是破坏殆尽后的模样,而仍在使用中的我却没有再见过。当在这里看到这个修补后的顶棚(图2-10),我并没觉得异样,一掠而过,那是源自儿时熟悉感的自然忽略。等我整理这些照片的时候,才发现这不就是我一直要找的东西吗?居然有点天意的味道。自己关注的东西总是不重要,而那些真正重要的东西自己却又常常忽略,也是明视距离的哲学原理,近处的东西总是被忽略,从物体到亲情、爱情。

图 2-10 修补后的顶棚

这里就简述一下工艺，顶棚内部有铁丝拉结成的龙骨，形成井字网状方格，其下用纸裱上。工匠用笤帚蘸着面糊熬成的糨糊，粘上报纸一甩而上，下层先是报纸，报纸裱完后，麻纸继续上，麻纸还是价格昂贵的，一层一层，直到看不到顶棚的报纸印记，也就到了这纸板的达标厚度。对顶棚强度的检验，来自于悬挂的铁皮烟囱和吊着的荧光灯，当然这些并非直接吊在纸上，而是先在骨架上预留小的固定点，拧上羊眼螺栓，再去拉结。只是从下面往上看很容易误解，至少儿时的我看不出来这里面的门道，总觉得顶棚好坚实。

　　顶棚每年都需要重新刷白，那时候还没有涂料，都是用大白粉刷，这种没有胶粘剂的涂料算是环保的产品，与名字相符，真的就是一种着色剂，即便把它当成一种颜料其实也并无不妥，一蹭就是一身白，所以墙边的人都躲得远远的。大白并无现在腻子粉的厚度，也没有涂料的均匀度。从那印记中可以清晰地看到或明或暗，或深或浅，我写毛笔字时会了解这样不均匀的意味，那虽是一种不完美，但也是留有内涵的表达方式。

　　匀色的一切物品，看得久了以后都会变得失去新鲜感，褪色染黄之后又会觉得发腻，只有打破单一的格调，不管是建筑的形式，还是建筑的颜色，才会被赋予一种长期的生命力。建筑设计往往注重在建筑外形上突破矩形的框架，却较少在颜色上真正做到变化，其实我儿时所见的顶棚，就是这样一种杰作，且被人应用很多年。被忽略的，多是真正的经典，因为熟悉就是一种认同。

　　每当夜色沉静，小城的夜空黑得不见五指。那时候失眠的我对着顶棚思考的未必是人生：因为那时候我看不透这顶棚后面的东西，只是认为这是视线的尽头，也是思考的截止。现在我才慢慢明白，所有的不完美，在某种意义上都是真正的完美，其实慢慢活着，自己心里会明了，知道那能够接纳你的老屋、那糟妻、那逆子，其实都是你最值得珍惜和最宝贵的财富。所有的完美、所有的美丽、所有的富有，那是留给别人看的。而你值得拥有更好的，那就是真实。

　　显然这顶棚已经年久失修很久，虽然后来有人又裱了麻纸，却没有人再去刷白，顶棚上如同尿渍的印记，是漏雨的证明，这也是人们以前为什么每年春节都要重新刷顶的原因。好怀念儿时那刷顶、大扫除的时光,就那么几年,再之后兄弟姐妹真的很难聚首。人生最悲哀的不是死去的永别,也许我们还会再凑在一起,但再不会像儿时这么跑来跑去、不知疲倦、充满活力,时光最美的痕迹就定格在了那里。

估计是曾经能够刷白房屋的年轻人都已经老了,就连父亲的学生如今也已经是老爷子。生命的老化和建筑的老化其实如出一辙,在能够端庄的时候,她会年年给自己清扫,证明着自己依然健壮和结实,等真的老了,她也就真的放弃了容颜,没有了能力,也没有了动力。偶然会有一个年轻时候的朋友来访,满脸的沧桑,留下满满的记忆,有痕却无言,满心是生命的不甘和建筑的不屈。

九 远去的新婚

一进入店面正入口,一抬头,对面就是三面镜子(图2-11),虽占用了一些置物空间,但这布置显然对于主人很重要,故而用在了门面之处。

与民居中的镜子作用相仿,这来自于古人对于鬼怪的恐惧。其实只是不懂镜子的原理,反射而已,哪来的照妖镜,如果真有,应该也用不到这光学反射,看神态就可辨识。我不迷信,即便真有灵魂,它看着你,也不会发生反射,倒是第六感让你突然触动,《人鬼情未了》那一幕或许源自于共鸣。也许要相信自己的第六感,当思念一个人的时候,也许那灵魂就在你身旁徘徊。

中间的一面镜子上面有字,更加特殊,走近观看才发现是"新婚致喜",还是繁体字,看样子也久已蒙尘。我说的不只是镜子,而是这段婚姻,想想其实还是蛮温暖的,看着一个人的人生,最闪亮的日子从开始到最后离去,它都定在那里,这是一种书面的承诺,还是一种无言的记录?

那时候的人会把婚姻当成信仰,就像我的父亲母亲尽管打了、吵了一辈子,却坚定地扶持前行。这种磨合中的婚姻,似乎在这个东方世界,都是特别存在的特质。能够传承的东西看似很多,仔细算起来又不多,但

图 2-11　远去的新婚

是中式中庸文化中的那种坚守和坚韧，会让人在过了40岁以后理解得更深刻，慢慢意识到它内在的力量。儿时父母打得厉害，母亲总是抱怨指责父亲，长大一点后我会说："你们过不下去就不要过了，没有必要因为孩子勉强自己。"母亲又马上会说我："不要瞎说，瞎说什么啊。"搞得我都不知道该怎么安慰她。等我也步入中年后我才懂了，磕磕绊绊是生活最好的润滑剂。那些从他们结婚一直用到现在的水盆、水壶依然摆在那里，当时是别人赠送的新婚礼物，后来则是家庭的全部家当，再后来则成了关于时光回忆的全部内容。

　　国人对于建筑对称性的喜好是比较明显的，他们讲究成双成对，对于数字乃至于建筑的构造都在意偶数。夫人是南方人，每次给人送礼物，都要选择送四样。而我小时候对此毫无概念，看到镜子甚至是挂钟都是一对，让我十分讶异。后来才发现，南方北方皆如此，是我自己对于这种寓意一直视而不见而已。

　　中式建筑的特色，还有一类是围绕一个原点进行的对称，如天坛祈年殿的顶部，受力于一点、集中于一点，与西方传统的建筑并不同。再看万神殿的镂空屋顶，居然是整个一个大空洞，不存在核心点。从这点上就可理解东西方从人文到建筑的不同。它们各有特色，无可厚非，但居然从建筑中完美体现了性格和社会特点，这才是被忽视的地方。

十 一张不该出现的毡皮

说不该出现，是因为我一直想寻找一张炕上的箅席来展示塞北土炕的陈设，一直都是靠文字空说，确实难以找到实例，一件儿时家家都有的东西，如今却变得罕见。而真的看到时却是影视剧中，用来卷裹过世的穷人，看不出它本来的用途。当然，用这箅席之人，在过去几百年中都是穷人。当然老白也是，生和死只是一个被动与主动的区别，相同点是均可以证明它的适用人群多为贫寒之人。

这张窗上遮挡的箅席（图2-12），它的功能仍然没有体现，但好在能够看得清楚编织细节。北方以前没有竹子，所以竹箅在北方是不存在的，即便真有，也是富人家才会购买，作用与凉席类似，用以夏天隔热，效果很好，价格也不菲。所以我们这里说的箅席，多是高粱秸秆外皮的编织物。当然因为秸秆的截面是圆柱形，外皮并不好裁下，故成了一个手艺活，现在也是非物质文化遗产。经过浸泡、清洗、晾干等工序之后，会变成薄片，手艺人再十字交叉编制成席。

它价格低廉主要是因为成本低。高粱的种植区域很多，实在不济，玉米秸秆的外皮也一样可以充数。那时的人工并不值钱，所以箅席的价格确实很低，是穷人版地毯。除了便宜，另一个优点是隔尘：底下是炕，上面是褥子；第二个优点是导热性好，可以完全传递火炕的热量，本身厚度可以忽略。

这一卷被人抛弃的箅席，却在照片中十分清楚地透露了缺点——并不耐高温。在火炕的长时间炙烤下，局部温度可能会过高。当被发现已经烧黑之时，箅席会发脆，然后破裂，一点点剥落下来，就再无法继续使用，也就是它寿命的尾声。而这里又用来封堵窗户，却也不失为一种废物

图 2-12　终于找到一块毡皮

利用。

那时候家家都不舍得扔一点东西,因为知道一切物品都有它本身的价值,即便损毁,但仍然会在某一天、某一处再次派上用场。我家的废旧木头都会跟随搬家被运走,因为那时候生火是需要用木头的,不管是自己家,还是学校都要用到,更无须论及盖房子使用,所以城里的木料十分珍贵。珍惜物品是我们儿时养成的良好习惯,现在的孩子不懂,但也没必要让他们理解,因为他们家里垃圾太多太乱。他们所受的影响源于物质极大丰富的背景环境,要学会断离舍,这与我们当年的状况完全不同,却不能说他们错。

而那些一白一灰的色差,则证明秸秆外表皮更容易发黑,而内瓤则会白一些。这种质上的色泽差别,并不会因为时间的延展而完全被同化。侧面也证明了这工艺是比较粗糙的,对于材料的甄别不算挑剔。价格和精细度在过往时代关联度极高,精细的就是高价,而现在的产品机器加工都是流水线，细致的也不见得价高，反倒是手工的价值越发凸显，也有了非物质文化遗产一说。

十一　供销社的外窗折板

窗明几净（图2-13），映衬着外面的蓝天与白云，这种清淡和自由，或许只有在这些小村庄中才能看到。老人们三五成群坐在小商店门口，这里就像是本地的交流角（对比英语角），男人兴致勃勃地谈论着国家大事，女人絮絮叨叨地谈论着家长里短，生活是那种我既羡慕又厌倦的样子。

我怕无聊与无所事事，曾居家多次，知道足不出户的感觉；但也怕太过繁忙，挣扎于挤地铁的日子，希望生活简单。我们在生活的两端中不停地取舍，不停地游走，慢慢就老了。其实想想，累并快乐着，痛并坚持着，每个人的生活意义就是如此，需要外界的刺激，又需要自身的逐渐麻

图 2-13　商铺的折板护窗

木，在年轻的生命中留下存在感，也慢慢接纳自己的中年平凡。

折板式的窗护板，为折叠推拉式，窗板会在晚上合上，用以防盗。它取代了传统的插入式门板（一块块入槽，可以整体遮蔽门窗）。眼前这种护窗常见于民国到改革开放前的这一时间段，是插入式门板之后的替代做法，多见于城市的商业或公共建筑中，有一定的防护和美观作用，而有了钢护窗之后，这种折板式的窗护板就又淡出了建筑圈。

两扇对开，每一面由多块木板相互合页连接，红色部分即是。合页上中下各设一组，每只合页上的三支螺钉也可以看得清楚。白天营业时折叠起来，至两侧，透入光线；夜间闭合，又可以拉展，两扇窗正好在中间汇合，原本应该还有一个锁帽用于上锁。这里没有看到锁帽，但也没有太大必要，别看是农村，现在摄像头已经普遍，人们的物质生活也丰富，不再为了超市的那点吃喝而动歪念头。再或是村中的年轻人早已稀少，没几个可以撬动门窗的汉子。都是猜想，也都是现实。

十二　被时光磨去的朱红色

红漆底，黄色木，映衬着岁月走过的路径。烫纹裙板（图2-14），营造出凹凸感，插入T形骨架，其上抹头做法同理。与传统古建有相同之处，如裙板及抹头（上下两层裙板间的横面）的用法，但也有不同之处，如T形木质骨架的加入，让整块的裙板不再单一，适用于对开双扇门。

这里重点介绍L形或T形合铁的使用，L形或T形合铁是榫卯式建筑中门钉的一种替代做法。钉子引入中国后，被称为洋钉，对比传统铸铁钉，加工工艺差别巨大。这种舶来品与榫卯并不搭配，如一种功能上的重叠，但用在这里却没有违和感，相辅相成，类似于门钉，加强了门板的整体强度，主要用来减轻边角之处的磨损（与后面将提到的书店相比，这里的人流量相对较少，仅靠T形合铁的加强门板即可）。

所有的旧门，都是那么沧桑，有的覆满了植被，有的被磨得光光，也有的上满锁扣，有的虚掩，有的紧锁，还有的是再也关不上。门在中国的

图 2-14　有合铁的商铺大门

意味不只是防盗,其实更在于家庭观念的界限,门内是一个小小的国度,里面可被庇护,门外却是要面对的世界和社会。长大了会离开,死去还是离开,无论以何种形式结束,门在民居中的意义都是告别,从短暂的告别到彻底的告别。

　　于这里结束本次行走,关上大门已不是第一次,但每一次关上大门,却意味着生命的一个阶段结束与新的开始。关于民居的行走,遥遥无期,却又越走越少,我很难说是在给大家介绍知识,有时候觉得更像是一种自我抒情,有些人能够理解并感同身受,但更多人会觉得矫情,这并不奇怪,也是意料之中。

　　生活能够截取的部分太少,因为很多人懂得太晚,失去以后,又只会埋怨,并继续失去,直至生活的末端,直到最后一扇门的彻底关闭。所以我不敢停歇,怕那些闪光的东西擦肩而过。虽然这个过程很累,但这个过程还是蛮让人开心的,能够理解我书中感情的那些人,一定都是生活中的科学家,知道观察和体验,也知道珍惜,这就足够。

第三章

神奇校车
——厂房的兴衰

从我与儿子同步成长的过程中,发现最脆弱的灵魂都有一个坚强的外表。

一 遗漏

光线打在厂房内的地面上,地面的裂纹被光线勾勒(图3-1),一块白色泡沫的阴影如同指针显示着时间的刻度。这些景象让你疑惑它是艺术装置还是废墟。时光会让一切沉淀,而沉淀之后每一件自然与人为的遗存都被雕刻出艺术感,而成就这效果的是时光,它让我们成长、老去,也完成对于我们的塑造。

我与儿子的成长是同步的,但我们真正的变化是从为了上学搬入这个新家才开始的,他二年级时,我的焦虑症有了苗头,但显然我没有注意到,更加没有注意到我对于他的不良影响。不说这之后的遭遇、病痛、困难,只是说,对于生命与建筑的思考,才是真正拉开了序幕。因为疫情,一起断断续续居家三年,他由一个孩子不知不觉中蜕变成了大人的样

图 3-1 厂房中的光斑

子。而这个厂房，也是在我们百无聊赖之余，才有了耐心去看、去想、去思考。

其实这个破旧的厂房就在我们家与他的学校之间，十几年没有变化，似乎被人遗弃了，也不清楚属于谁。它四门大开似乎欢迎着各方来客，但荒废的模样则让人望而却步。门口遍布砖石瓦块，门外却是垃圾成堆，大家印象中的城市中心都是高楼大厦，其实总会有一些在光鲜的大楼后面隐藏的少有人见的荒凉。

二　全局

我此前介绍的建筑都是民居，关于工业建筑，我想都没想过。其实新中国成立以后建造的一代代厂房，样式各异，比民居更具现代的建筑气息，但建筑生命也更为短暂，来去匆匆，难有百年以上的作品。因为工业进步太快，很多制造业从出现到消失仅仅几十年，而许多厂房在升级改造后，慢慢不再具有改造的空间，也就被慢慢废弃。

工业建筑不像民居差异那么大，所能看到的样子也不过如此，仔细看会发现功能接近，材料不同。只是当下工业建筑外墙的立面多更加简单，彩板居多，不像图中（图3-2）的建筑为砖墙加构造柱结构，这是典型的苏联式工艺。

屋面如图3-2所示，为藻井式预制板，依着桁架拼接组成。内藻井式设计在意大利的万神庙中被发挥到极致，那里是逐层退缩，这里仅为一层。其核心特点是将结构受力做到了最优，外框厚实，内部上凹以减少整体重量，但主受力点在较厚的四边，受力合理。从美观的角度来说，递进式的逐步上凹，由局部对称演绎到整体整齐，有了立体层次感，如果建筑很高，又有一定的弧度，则会产生深邃的效果，万神庙就是这种概念最好的案例。

而在厂房中，油污斑斑的顶面美观已不存在，但是其结构还是一目了然。厂房往往都是跨度大、高度大的建筑，剪力作用对其安全性影响明

图 3-2 废弃厂房的全局观感

显,为了抵消这种水平方向的不稳定,降低屋面的重量至关重要。这里预制楼板的使用使屋面荷载减小,传导顶部重量于桁架之内。

国家这几年在大力推广装配式建筑,很多人觉得是个新鲜事物,但在我儿时预制式楼板其实曾经大行其道,那是装配式建筑的雏形,如同乐高的一块积木,而现在的装配式建筑则由很多块构件组成。

那时候平房很多,民房中人字顶造型仍为主流,但混凝土逐步普遍,使预制混凝土很快从工业建筑应用到了民房中。施工简单快捷,吊装直接架在砖墙与构造柱上,像极了这座厂房的构造。

缺点也是明显的,隔热效果不好,预制板中间是一排圆孔,其作用为空气层隔热,但预制板之间存在缝隙,且很难通过工艺填补,从冷热桥效应的角度来看,其隔热效果并不理想。另外民居的建造多是私人完成,在地产行业还没有兴起的时代,运送和安装预制板都是艰难的工作,相对而言，也就难以在民居中被大量应用。第三点是预制板建筑造型如同火柴盒，不美观，所以在短暂的流行之后，还是逐渐被人放弃。后来更多用于临建，而又被快速拆除，这也是民居中少见预制板建筑的原因。

现代厂房轻钢龙骨结构为预制钢件，之间连接方式有螺栓连接和焊接两种，整体为网状结构，从屋面到柱体，与我们民居中曾经谈及的吊脚楼结构有点相似。虽然老式厂房整体结构也以"轻"为第一要务，但在没有轻钢的时代，为了基础的稳定，如图3-2所示，主要立柱仍采用混凝土浇筑，除去了顶盖，砌筑的墙体与混凝土立柱并不算"轻"。

立柱除了承重屋盖，还支撑移动天车（电动葫芦或是龙门吊车），所以可见竖向立柱的半截位置有楔状外凸（牛腿），架起了另外两道横梁，与厂房的窗户平行，两道横梁正好托起电动葫芦的悬臂，如同一组宽大的铁轨，带动天车前后行动。

两道立柱之间会根据厂房的长度增加一些钢斜撑，十字交叉，通过铆钉固定于柱顶端及柱底端。这种斜撑在钢结构厂房中十分多见，几乎是每两根相邻的柱子间均有的一种结构，用于拉结整体屋架。但这里，斜撑并不多，我认为它的功能不再是形成整体网格，更像是局部对于上方承压的一种加强做法，尤其是天车的横梁，其中间部位是力矩最大之处，需要额外加强支撑，两处十字横梁则是两个受力支点。

老厂房立柱顶端的连接有些突兀，从混凝土到钢梁，尺寸不同，材质也不一样，所以需要预埋件固定。现在的厂房分散受力更加合理，用更多的联络点形成网状结构，且都是钢件之间的联系，使结构的薄弱点变少，安全许多，即便一处有了断裂，对于整体的安全性也不会造成致命危害。

老厂房顶部的桁架结构比较简单，桁架成排布置，角钢从横、斜、竖三个方向焊接，形成倒三角形的桁架，内部为三角支撑，顶部重力从这三个角度分别传导至柱内，相互支撑，结构合理。

横排桁架之间有角钢十字拉结，控制并限制网架的侧移，以保持稳定。左手侧为电动葫芦，电动机的挂钩还挂在上面，电动机负责挂钩的左右、上下移动，右手侧三相滑触线压着白色的绝缘子，给天车供电，一通电，它就轰隆隆地前后移动起来。

这里的废墟，那么杂乱，看得出来废弃后的样子，是混乱的，但多年沉积下来的工作积累，并非几天就可消除，恰恰如此，现场琐碎的细节，总能让联想回二十年前。那时里面工人热火朝天，电动葫芦下的钢丝绳，吊起铸件进入铸炉，一天天的，岁月涂黑了墙壁，模糊了原来的模样，那一批老人们，慢慢由小伙子变成老大爷，最后又退休了。等这里荒了，味道慢慢一点点地散尽，不论曾经多么喧哗，今天看来，确实都安静得很彻底，且不会再有生机，这可能是多数人能够想到却没法看到的部分。

三　漏光

在我小的时候，就喜欢用弹弓瞄瞄打打，内心总是有一种想打玻璃的冲动，似乎是一种发泄，当然始终没有勇气真的去打。也深知那是搞破坏，玻璃是易碎品。所以当我看到这工厂里的内外玻璃都碎了，不禁回想到儿时的场景。

我对儿子说，有机会我们也找个弹弓来打剩余的玻璃吧，其实地上就有石头，这边安静得如同天堂，但人不会真的去做，也就是说说，发泄和释放一下而已。

与儿子一起进去时格外留心脚底下的碎玻璃，但最后我的脚还是被扎了，还好没有扎到肉，我带着鞋子上的一个小洞回家，过几天下雨时，才发现鞋子漏水。看来有些伤害，并不明显，但却深刻，而那些刻意躲避的东西，如碎玻璃，似乎又从来没伤及我们。

固定住碎裂玻璃残片的是钢窗的骨架（图3-3），钢窗的应用介于塑钢窗与木质窗的应用之间，是一个短暂时代，但钢窗的应用很普遍。钢窗的强度要比木质窗大，空间占用小，所以用惯了木质窗户的我，第一次见钢窗时，感觉钢窗采光真好，那时我正上初中，认为钢窗比木质窗先进许多。

其实钢窗的缺点同样明显，容易生锈，且不够密封。其实不够密封的

图 3-3 石棉瓦固定的做法

问题还好,因为之前的木窗密封性更差,所以这个缺点那时候并不被人关注。但是容易生锈就成为最大的死穴,生锈之后就是变形,导致了钢窗最终被淘汰。因为钢窗容易生锈,所以很少用白色的油漆,漆脱落后会显眼难看。为了防护,多数的钢窗都采用了朱红色的防锈漆,即便脱落,也不碍眼,同时也是出于防锈的考虑。但即便如此,钢窗还是寿命短暂,第一轮的钢窗防腐无效的时候,塑钢窗也就开始登场,之后钢窗被迅速抛弃。

破碎的玻璃却迟迟没有落地,沉积的油垢涂抹出不那么透明的玻璃,油垢又黏腻着些许玻璃,使其无法坠落。油污形成的漫反射,在玻璃中四溢开来,仿佛玻璃自身就是发光体,让人辨不清折射的方向,光线奔向四面八方。我在冬天里呼出一口白气,感触着时光的伟大——它冻结了光线,也凝固了记忆。

后来出现的彩钢瓦楞板,则是一种廉价的材料,用来防火防雨,压在墙面上的钢梁上,通过板间纹路的摩擦进行搭接。

下部屋梁是轻钢桁架形式，特别之处是这工字形小桁架，为下返式梁，水平横拉的是一根通长角钢，向下弯曲的是一根张拉后的细圆钢，像是一张拉开的弓面，那弓弦则是依据弧度而设置的多根角钢，它们一端点焊于细圆钢上，另外一端垂直焊接于水平角钢下。显而易见，所有的焊点之处，彩钢板均有锈蚀——这是电焊与金属的爱恨交织：开始时焊点如山盟海誓般牢固，废弃时却是锈蚀变得脆弱。

这根圆钢看起来很纤细，却有效且均匀地分散了屋面的压力。因为角钢太长，别说屋面的彩钢板重力，单是角钢的自重都会让其向下弯曲。故这样的结构堪称神来一笔，用简单微小的投入，有效延长了角钢横梁的寿命，进而提升了屋面的整体寿命，如今看起来效果还不错。不过有一个疑虑存在我心里：这样的屋面结构能不能上人，能不能承重？这个可能早有答案，看看锈点便知，锈蚀之后的结构脆弱不堪，只是外行的我才会如此多虑。

四 蔓藤萝

室外爬梯（图3-4）在水塔、多层公建、厂房中都多见，虽然这里的室外爬梯有圆圈形的保护罩，但我因为恐高不曾爬过。保护罩可供背靠，中途休憩。安全感并非来自实质性的保护措施，而是一种内心的因素，形成一种极度的自我保护。我想每个孩子儿时确实需要很多的安全感，它来自家庭，显然我小时候安全感并不多，而我给予儿子的安全感也不多。我慢慢才发现这是性格养成中的一种养分，如同儿时缺钙，后天还不好弥补。缺乏安全感还会传递。

每一个工种都需要有人来做，且作为工作要显得那么习惯而自然，如攀爬这室外爬梯。当然还有更多、更危险的工作，回顾过去，我作为建筑方面的从业人员，曾经也算勇敢，但面对长距离的横梁，也曾经望而却步，被工人嘲笑；曾经在短距离的横梁上走到半截掉了下来，要不是下意识抓住了梁筋，估计得去医院报到。所以有些勇气，是需要通过专业的训

图 3-4 室外爬梯

练逐步养成，而不是你去鼓励他，他就能够完成。我懂这一点有些晚了，一是对我自己的自责其实没有必要，一是对于儿子的责备（小时候对他要求过高的责骂），其实是一种错误。

与民居相比，工厂的窗户要大很多，这与厂房为高大空间有关，需要的采光更多。其实在现在的厂房中，塑钢窗已经有很好的承重性，可以制作的很大，也不太容易产生变形，当然内框也就不用太密。更高的空间一般也都有电动排烟窗，兼具通风及排烟功能，无须再开窗通风。

这里则是典型的老式厂房，窗大了，就要再做分隔。如这个钢窗（图3-5）内部十字骨架为矩形空心钢柱，把窗户分为六个部分。每个部分又有内部细分，由角钢制作内框，用以固定玻璃。其中的木板是后来人加装的。可能是在工厂停产前不久，不愿意再增加成本的临时处理。也不奇

图 3-5　厂房外窗

怪，因它就是旋转窗，由内向外可以旋转打开，进行通风。在这黑不溜秋的内部，自然采光应该不如自然通风重要，那种锻造的高温下，开着窗户的感受更好一些，采光的作用也就被人淡化并忽略。

厂房内照明灯具稀稀落落，如果按现在照度要求来说夜间很难达标。这是一个慢节奏的城市，曾有过很多的工厂，日出而作，日落而息，没有加班。直到后来有些工厂倒闭，那些没有倒闭的工厂节奏变快了，而这快节奏其实也就是近30年才有，如同中国工业化的一个缩影。这种中小工厂，承载着与民居相似的情感，它们离居民区并不遥远，很多厂区的孩子，也是一样伴随着工厂长大。然后工厂慢慢消失，父母下岗或是退休，一切像是尘起尘落，生活的环境慢慢改变。

爬山虎一年年沿着爬梯向上，可惜中途就到了冬天，被冻死在半路，干枯的藤蔓还用力拉扯着立柱。但它不放弃，明年继续，一年年的都在进步。我很好奇它爬到了哪里，什么时候能够到顶，用一年又一年的枯黄，去完成一个与阳光的约会，向上是自然界力量的期许。生活很多时候都不存在理由，凭借自己的想法，用一代代、一年年去实现，好坏没有绝对，也不会有答案，但能与时光陪伴就是有价值的，能去追求阳光就是有意义的。

五 空洞

透过这扇窗户（图3-6）向里看，空间并不深远，但却昏暗。我记得在湖南时，从屋外透过小窗户看过去的是一片黑暗，唯一的亮点就是对面的另外一扇小窗户。那时候我就想，如果我站在屋里面，看到的一定是一片光明，角度不同啊。当你拥有无限阳光的时候，你丝毫不会察觉你所拥有的这一切其实是那么难得。而当你身处黑暗中，会那么渴望每一线光明。当你拥有自由，会觉得一切理所应当；而当你失去自由，会觉得外面的空气都那么香甜。生活需要学会在黑暗中享受孤独，在光明里享受温暖。但我们总是学不会珍惜当下，有些遗憾。

图 3-6　顶部通风窗内部效果

当我看到这高大厂房的天窗时，我的内心还是为之一振。我在想，阳光照射进来，会不会和时钟一样，拖着一根长长的光线从西一点点扫到东，不愿打扰空旷厂房的寂静，无声地掠过那些垃圾、砖块。也许突然有一只小老鼠窜过，偶然抬头发现这个孔洞，它会觉得那是神之光芒。慢慢熟悉以后，它会觉得这个孔洞就是一座钟。其实都不对，时光只是怕这里太过孤单，营造了一种虚幻的改变，来延续着这种实际的不变。光芒可以温暖，也可以老化一切，慢慢雕琢。也许在某一天，厂房就轰然倒地，又形成一个新的稳定和平衡状态。

作为采光和通风，高处的窗户是有必要的，尤其是厂房，一般圆洞都是排风扇的位置。我在这里四处寻找，却没有看到排风扇，推测排风扇被拆除的可能性较大，但也有可能原本就没有。或许与那些方窗一样，也曾经有过玻璃，但痕迹已不明显。再次从它的外立面看（图3-7），又有了

图 3-7 厂房顶部通风窗

不确定的答案。圆洞的周围后砌砖的痕迹明显,显然这里曾经都是方窗,有些方窗后来被改造成了更小的圆窗。而我大约能够猜想到改造的原因是要增加风机,因为轴流风机多是圆形的。如我前文对于现代厂房的通风介绍,应该是为更好流通空气的一个改进手段。

所以这里的改变是有时间的前后顺序,却没有更详细的答案,如果时间够长,显然可以让改变的痕迹都泯灭于岁月,如00后也许不知道呼机的存在一样。圆形的东西,总是比方形的更容易让人接纳,也更有美感,让一座老式厂房有了那么一点西式建筑的影子,搭配屋顶上的树,让这冬天有了些许悠长的味道。

屋顶的树,是一种蔑视人类存在的表达,在所有的废弃建筑中都会存在,有的是茅草,有的很嚣张,长成了树木。光线好的时候,它们站在屋顶,能眺望远方,又俯视着下面的我,似乎想告诉我:生命很长,很多事都可能发生，又会消失，如它们的生长，如厂房的出现。人类改造世界的一切理由，都是那么伟大，前行也是披荆斩棘，让我们很自信。但仔细想想，有时我们也会变得脆弱，变得不堪一击，感性而自私，怕失去一切，又怕重新开始。

所以它们的蔑视并非没有理由，它们的存在，从来不因为我们的过度破坏就真的衰败。我们都在呼吁避免物种灭绝，但即便人类自己灭绝，它们也会在某个时间节点重新出现，只要有光、有水、有土壤。我们能改变的只不过是打乱这世界的顺序，像个孩子般弄乱了拼图，一甩头不干了，又去折腾别的，其实这很不礼貌，也不理智。建筑是宽容的，是我们的杰作，但比我们更加理性。它们沉默，而我们话太多了，爱争吵，又不知道因为什么争吵，更不知道想要得到什么。而得到了，我们就会幸福吗？一切都显得那么幼稚，却是我们慢慢长大的样子。

六　摧毁

图3-8展示的是一个侧门。混凝土被敲掉了一大块，很像一块锯末合成的木板被磕掉了一部分，让人产生错觉，但也以这样的边缘印证了混凝土的强度。把大门"敲"开来看，钢筋的尺寸是一目了然的，敲不动的地方露出箍筋，凸出来的那硬硬的毛刺，看似薄弱，但那种倔强远比我们以为的更坚强。

它被敲掉一部分的原因很明显，是有人想把这扇铁门拉到外侧，然后拆走卖废铁。在尝试了许久之后，应该也是在距离成功不远的时候，箍筋暴露出来，让尝试者感到难度加大，最后还是放弃了，没有继续截断钢筋。但另外一边就没有这么幸运，被顺利拆走，留下这么一个节点，就那么暴露着。建筑的拆解如此冷酷，也如此坚韧。

老式大门会有门上的过梁，民居也好、厂房也好，只要是砖砌体，结构皆如此，用于承重上方的砌体重量。在没有混凝土以前，这部分由石梁完成，但是因为太依赖于石材本身的形状，尺寸总会有些夸张，多了一点

图 3-8　一处厂区侧门

艺术性。混凝土的可塑性显然更好，依据墙体的厚度支模浇筑，且可以顺便完成挑梁，并做出雨棚，各种形式的外挑结构应运而生，都是同理。

　　混凝土的出现，改变了榫卯在中国建筑中几千年不可替代的地位，更加强大的材料凝固力学代替了拉结构件之间的摩擦力学，之后榫卯就开始慢慢淡出了中国现代建筑。但与钢窗一样，混凝土的弊端在之后的几十年中也慢慢显露出来，混凝土建筑的使用寿命多为70年左右，但是作为建筑垃圾，降解却需要上万年。目前为止，垃圾处理最低成本的办法是填埋，需要占用大面积的自然土壤，这些土壤没有办法再进行耕种，这是一种积少成多且不好恢复的破坏。

　　我们痛恨塑料包装袋对土壤的危害，而建筑垃圾对土壤的破坏不仅是大体量的，而且相比塑料也更缺少降解的手段，这是一个已经存在的隐患，却没有太好的拆解办法。随着地产业一轮周期的结束，这个问题将会慢慢突显。很难说未来这些沉重的负担要去向何方，但就现状而言，说我们生活在垃圾堆中虽然有点耸人听闻，但看看每个大城市周边的垃圾带，情况就不那么乐观了，并非夸大其词。

建筑大师不仅要建造好一栋楼房，还要为未来选择合理的材料，后者很基础，却很重要。错误的建筑材料造成的环境破坏是不可逆的，且未来无人担责，这不是多复杂的一道数学题。但负责任的建筑师其实并不多，我说的负责任是指对未来负责任。在日本钢梁建筑很普遍，如果只是为了抗震，那显然有些片面。在欧美板材结构房屋很普遍，龙卷风会将这种结构的房屋吹得七零八落，但我想欧美人其实并不傻。对于未来，使用可降解、可循环利用的建筑材料，是建筑师思考的基础问题，不能回避，这是个良心问题。

七　阳光

在一个阳光明媚的日子，我从侧面拍下了它的一个全貌（图3-9）。其实本来没有想写这栋建筑，因为它和民居无关。但后来发现，即便是工厂，只要与生活有交集，也是一种关联。回看，它居然陪我们度过了十年。儿子的小学就在它的隔壁，但我们从来没有认真地去注意过它。

儿子也是第一次知道了学校围墙外是那么荒凉，一墙之隔的差别会有那么大。即便真的只有一墙之隔，生活可能也是天壤之别。大门以前一直是开着的（这篇文章写了许久，以至于期间门的开合状态发生了变化），这一年来，可能"游客"太多，为了安全起见，限制了流量，只保留了没法关闭的侧门，而把大门关上了。

这栋单层厂房采用标准的20世纪六七十年代的砌筑技法，红砖结构，两层圈梁垫底。因红砖的承载能力有限，单层砖砌建筑太高，下面的砖会被压碎，所以在四五米的位置就要设置一层圈梁，在民居中则多由条石替代。这里通常设置了圈梁，用以均匀分散上方的墙体及屋面重量，并抵抗地震。

图 3-9 厂房整体外观

砖柱则让我想起了在大连见过的俄式建筑,它们虽然都是砌体,但砖墙仅是建筑表皮,而两根砖柱则是构造柱,是墙体太长需要的拉结,也要负责承重部分屋面,为核心受力点,与其余红砖墙体作用是不同的,不能小视这凸出的一小部分。

现代混凝土建筑的柱间距多为8米,这来自于结构计算,但在没有计算机的时代(后文的石头建筑除外),砖砌建筑的立柱尺寸也多类似,这比较神奇。只能说明建筑也是一种实验科学,很多成果都来自于试验与经验。虽然现代可以实现很复杂的计算(如AI设计),但是对于情感或观感直觉,计算机却无法实现。可能你会说:"这完全不是一码事啊!"实际上,在复杂建筑中,建模后产生的受力效果并不难给出答案,但是那种对于建筑材料的长期疲劳及意外状况,它是无能为力的,这时候感觉很重要,经验更有效。

八　锻造

锻造炉（图3-10）是这里主要的工业设备，除了建筑以外，所有的机械设备废弃前都会被清走，所以对比我所见过的厂房，这里要简单太多，除了电动葫芦，就只剩这一排锻造炉。电动葫芦未拆除是因为不太好拆除，锻造炉则是没有拆除的价值。

有些东西生锈了，有些东西却不容易变色，如这耐火砖，红色且质地结实，少见风化，除了出火口的黑色痕迹，其余一如往常，甚至都不落灰。这种砖很特别，耐高温、耐高压、厚实，耐火砖中有着多种金属配料，色泽也就与普通砖不大相同，有粗砂子的磨砂效果，光线下甚至会有反光。

锻造炉让我想起在山东民居的炉灶，两者结构差别并不算大，只是构造位置有所区别。这里是前后设门，应该是铸件进出的渠道，右边的砌筑体应该是风道之类，民居中则只有一个门，后侧就是风道，毕竟只是供

图 3-10　锻造炉

暖。锻造炉拱形的门托起炉顶，拱顶是常见的挤压受力形态。民居的炉灶门要小许多，只是加煤不会加料，多黑漆漆的，而这个锻造炉的门更宽，内部空间算是一目了然。

金属通过并不如它坚硬的耐火砖来淬炼，最终淬火成钢，而我们需要的是一种什么样的锻造？有时候在想，生活的有些安排，或者不是有些，是全部，有点注定的味道。那些铸造我的"外壁"，似乎我很鄙视，但其实成就自己，离不开它们，生活的磨炼需要有外衬、有对比、有痛苦，最后才能成为你自己。我需要为能够体验这种痛苦、焦躁、孤独而感到自豪，有点"天将降大任于斯人也"的意味。其实真的悲哀却又伟大的是这些"炉砖"，他们永远不能出人头地，永远会是他人的依托，甚至被视为"恶人"，但其实想想，可悲也可敬，一个锻造车间，也是社会的一个缩影，何尝不是生活真谛？

如果不能淡定，只能说明你所遭受的经历还不够艰难，如果你半途而废，那只能证明你并非一块好钢。成为废料，或我们都不希望，但也是生活的一种，在面对失败时，最先做到的不是再去努力尝试，而是需要试着让自己安静下来，很多时候对于自己的了解并不如炉子、不如耐火砖。我们需要的耐心、火候，以及一点规律，那是成长的经验。显然我现在还没有，但真的拥有了，又已经老了，既是释怀，也是无奈。

九　楼梯

厂房或多或少都会有外部楼梯，作用也很多，有的是检修用，有的是去天车的检修马道。这里的厂房要简单一些，并没有设置专用的检修马道，但还是有天车检修用的平台（图3-11）。位置大约两层，下面的配电箱被拆卸得面目全非，只剩下骨架。窗外耸立的高楼，就是我家的小区，而这栋毁坏的厂房，像是经历了一场战争。

而生活也像是一场战斗，真实的战争带来快速的破坏与消亡，而建筑的慢慢废弃则如同生命缓慢老去的过程，谈不上谁更残酷，对于生命的未

图 3-11 天车平台

知,结果却是相同的。建筑生命也会有终结,当初能拥有那最火热的工作场面,回看这就是一种幸福,与人生如出一辙。等到一切幻灭,失去的并非只是人流,而是建筑生命中最重要的部分——烟火气。建筑无不是从崭新的青涩年代开始,到热闹繁忙的使用阶段,最后再到人走茶凉,日渐荒废,这就是生活吧,一个全流程。有人才有灵魂,能够与人完美贴合才是一栋好的建筑,能够被人怀念并且不舍,存在足够多的年头,则是一栋杰出的建筑。

与楼梯平台相对应的是天车的平台(图3-12),天车的电动机明设,对比现在用一个控制间包裹的做法,简易了许多。但这里也确实需要一个活动操作的空间,于是通过天车悬臂外挑了钢架,支撑出了一个检修平台。与楼梯平台相比,两者并看不出高差,应该差别不大,或就是一步楼梯,可进行对接。天车检修时会开回楼梯平台处,就省去了通长马道(高处检修用的通长通道),省钱又直接。

图 3-12　天车电动机、挂钩及平台

十　照明

厂房有两种照明：一种是顶部的照明，另一种为局部照明，壁装式，如图3-13所示。白搪瓷灯盘，是那个时代的鲜明产物，我曾经详细描述过它（《消失的民居记忆Ⅱ》），承载着孩子们对夜晚活动的所有期待。与那些灯下的小飞虫一样，孩子们在灯下游戏，直到它熄灭，夜才归于平静。我也会想起那个给我讲白搪瓷灯故事的女孩子，想起她在大雨交加中渴望父母归来的期盼与寄托，如今物是人非，却总还是会让我感动和回忆。

白搪瓷灯盘是一种长期使用的室外防雨、室内光照的灯具形式，背部的白色立柱为绝缘子，是固定明装线路的绝缘设备，与灯盘配套使用。

图 3-13　厂房照明

这种灯具消失于20世纪90年代，室外型主要被有灯罩的灯具类型取代，防水性能更好。而室内光源的形式则发生了质变，由白炽灯到荧光灯，由荧光灯到金卤灯，由金卤灯到LED灯，这仅是在30年中的变化。搪瓷灯盘与搪瓷脸盆、搪瓷饭盆一同被时光淘汰，我作为从业者亲历了这个变化，有点不知所措，太快了，很多东西感觉出现没多久就被淘汰，也不再存在。

十一　光芒

疫情改变了很多人的生活，而我则九次居家，有人问我是不是很不爽，那是肯定的，但我并不想这么回答，生活哪里来的一帆风顺？困难确实存在，我更希望自己如流水一样，无论前方是什么困难，都能够接纳它，并且消除它的弊端。

　　世界的安排并不合理，只是你这么看，其实它只是反映你的不成熟、不完美，才让你经历一些困难，既是缓冲，也是助你成长，这与光线一样，总会指引你的方向，打透了所有空气，只为让你发现其实这安静的厂房中，并不寂寞，有灰尘相伴。那些飘在空气中的尘埃，在失去了人的清理之后，变得轻盈，没有了扰动，很容易静止一般地定在某个区域，这在废弃的建筑中其实很常见，不管是民居还是厂房，皆是如此。

　　光线通过这些尘埃的折射，进入我的眼中，沿着方向形成光柱（图3-14），那是因为尘埃的阻挡，但也是光线的指引，却是真实的生活，不管是香烟，还是尘土，都是用最俗世化的方式，通过浑浊的空气来表达光的方向。通过这种巨大的反差告诉那些处于恶劣环境中的人，生活不要拒绝，要保持乐观，这才是生活困难的启示，水至清则无鱼，人无尘则太虚。

图 3-14　光柱

第四章

重走井冈山
——见微知著

断断续续,零零碎碎,这是我的后民居时代最远的跋涉。

一　一片多雨的地方

　　总有人对日益完美的作品提出质疑，要求苛刻，对比现在彩色的课本，我们儿时的课本更多是黑白图案。彩色本身就是一种进步。我们没有必要吹毛求疵地说三道四，任何一个细节，从建筑到文字，到绘画，都是如此。其实作者不一定能够表达所有的内涵，而读者则更难于理解所有的内涵，我们更多要学会如何欣赏。

　　这是基于一个读者对图书的基本尊重，而对于建筑的尊重也一样。能够吸纳建筑中本身蕴含的养分，就不虚此行。如果能够提出一些疑问，则是我们经过了思考的结果。但仅仅是指责，而没有依据，来自道听途说，则是一种对于自我的不尊重，更谈不到对于作者的理解。

　　关于江西民居的思考，其实在我以前关于民居的书中已经提及。江西民居独特的翘角和琉璃质感，流露着客家文化的些许韵味。而再次步入，则有了另外一种体验。

　　在高铁上，我看到清晨的日光从雾气中慢慢溢出，转瞬又逝去。随后潮湿感整整伴随了我好几天，一直没有看到太阳。我曾经说过：即便在雾都重庆我也很幸运，能够看到金顶的光芒。但在这里，不下雨就已经很不错了。

　　小向导后来向我解释，这里一年中会有大部分的时间都在下雨。即便我喜欢雨中的浪漫，却也没法接纳潮湿带来的不适感。但正是因为如此，我对于曾经在这里居住了几年的伟人们，更加心存敬意——成大事者确实不光是经历困苦，更多也要经历绝境中的考验，保持乐观，充满信心。

　　伟人曾经待过的地方，不仅环境艰苦，还要面对战争，以及后来更为艰辛的长征。没有一个人的成功是轻易得来的，越是伟大的功绩，前赴后继者越是无数。在井冈山反"围剿"失败后，这里的房屋曾经被彻底烧毁。在这一点上，建筑罕见地露出了不如人的特质，人的精神会因为艰苦卓绝而愈加坚定。

　　我在路途中的挑粮小道上随手拍下一景（图4-1）。竹子上带着雨水的水珠，安静的意味恍若时间停驻于1928年。人已经远去，窸窣的脚步声似仍缓缓回荡，那种感觉几天内持续萦绕——被我感知，让我思考。

图 4-1　挑粮小道

二　八角楼

在我儿时的印象中,八角楼本该是一个八角形的楼顶,而我看到的这个八角楼是一个八角形的天窗(图4-2)。江西民居中的轿顶式结构是顶部造型中很特别的一种,其精细程度罕见,方形的官帽式围廊形成侧屋坡,而四方抬梁向上延伸至顶部,托起一个八角形的屋顶(后文述)。因为构造复杂,每每我都看不清那里的细节。但这种构造在赣南、粤北(参见《消失的民居记忆》中粤北章节)确实很普遍,是岭南派的建筑巅峰之作。

这里看到的八角楼又有不同,毛玻璃的加入形成了一种少见的顶部做法。最初的样子应该也是如此,虽然这里曾被焚毁,但所有的构件还是复原了曾经的模样。它的特别之处,是给人井底之蛙的感觉,让自己心生渺小。这里的雨声和光线又集中了我的注意力,让我的思考加深。我就这样

图 4-2 八角楼的八角天窗

去理解伟人当时的心态，也这样理解建筑对人的思维及情绪的影响。

  窗的结构是将八角底框固定于屋面，然后向上拼接木板。为了逐步缩进，用了木桶的制作理念：纵条形成框架，横条用来固定，收到桶底，盖上玻璃顶的抗压檩条，形成窗框，之间再固定毛玻璃。与后文的轿顶结构相对应，你会发现木桶与橡条的原理一样，只是适用场所和体积上存在区别。

  虽然并不是一个完美的八角形，但是确实是一个十分坚固的斜梯形构造物，且形成宝石形玻璃顶。这种宝石感来自内部，而非外观，是设计的亮点，让人眼前一亮。

三　落水滴檐

  整个行程中，雨都下得淅淅沥沥，逐渐适应后，倒也不觉得有多难受。而那司机开着巴士快速地在山间绕行，高速奔驰却不见有一丝怯懦。我最初惊恐，习惯后也认为这是经验所致。

  山区的民风多比较彪悍，与外表的瘦小可不太一致。毛主席上山的时候，山上也早有绿林好汉，主席既来之则安之，在困难中欣赏风雨，心态好哪里都景色无限。

  仰瓦、俯瓦形成的屋面一目了然（图4-3）。檐口下方正好是行人过道，窄窄的，入口后面则豁然开朗，是一个小的天井式厅堂。而我所站立的位置是二层前厅走道，右手侧就是八角屋。透过十字花形的窗棂，我能看到落水与清洗透亮的卵石路。其实游客不少，但站在窗边却觉得世界一下安静起来，很是奇怪——建筑环境营造的氛围让我不禁多驻留一会儿，迎雨听声。

  那个窄道中，竹制接水槽水平安装于屋檐下，与左角竖向的落水管搭接。一边是瓦，一边是竹，雨落竹间，再从竹上滑落到一角，形成了落水，打不湿过路的行人，设计合理。右边屋檐则维持自然落水，雨天能听到下雨的声音，能看到泄流的雨水，设计合理。雨大了，声大如柱；雨小

图 4-3　窗棂后的落水

了,淅淅沥沥,就成了水线。

每个人都需要在一个安静的阶段,安静地倾听雨声,也是倾听自己内心的声音——那是对于自己往日的思考,也是对于自己明日的规划,思考需要这种环境。所以有人说,这井冈山的两年对于中国的走势是很重要的。伟人们在这里经历了失败与挫折,却也经历了重新出发和认真思考。

四　烟火色的斑点

镬耳墙是岭南建筑的一个典型特征,也是建筑传承的一种结果。岭南建筑比其他地区建筑融入了更多元的文化,这与其地理位置、商业氛围密切相关。我曾经介绍过客家文化,客家民居中有些源自徽派建筑文化的马头墙，图4-4中便是简单的中间式样，减少了层次，仅有两层退台，而一般的马头墙多为三层。另外，这里的马头墙有了上翘的意味，翘角是岭南建筑的另外一个特征——越是上翘，越是荣耀。

设于后侧门端的翘角与前面墙边的翘角又不一样，角度也不同，但均比北方建筑的翘角幅度大。我猜想其原因是北方雪大，太长太翘的屋角经不住雪压，某天我看到故宫的落雪，才有了此猜想。房屋翘角本来就是一个美丽的构件，需要的是展开思维，实现其美好中的实用。

上翘形成了一种风格的统一，从建筑门檐延续到了封墙，成为属于岭南地域建筑的味道，所有的屋角、檐角、门角都会有上翘。

而进一步发展的产物就是镬耳墙，这个形似猫耳朵的风火墙与马头墙的功能一致，它将两层的风火墙进一步圆润，弧线连成一体。这是个缓慢的发展过程，却在南方建筑中呈现出明显的时间和地域的区别。时间不同、地域不同，样式也不同，与南方多变的语言体系类似，又是多种文化、多种建筑相互借鉴的结果。它使建筑有了自己的特点，却又看得出其中的基因，建筑因此成为文化交融的活体标本。镬耳墙的功能并未发生什么变化，或称风火墙，也是封火墙，后一个名字更好理解，表明其有防火的用途。

这栋房子似乎经过重建，因为在红军撤离井冈山后的岁月里，与红军有关的建筑遭受了彻底的破坏。据说这栋建筑是作为私塾学堂被保留下来的，但其墙体却让我十分怀疑是否为当年原构。因为顺丁砌筑的筑墙方式是南方建筑的老式手法，两顺一侧的砌法在南方也比较普遍，所以这墙是否为当时修筑并不好断定。但从墙体的颜色看，会产生不少疑问，尤其是面宽的一顺，偶有砖块呈现烟灰色，却又深浅不同，可以判断这墙曾过火且损毁，但重建时并未更换砖头，应是在原物原址上的重建。

里里外外的黑色过火砖，或是隐藏或是暴露，零散地分布，成了一种水墨点缀，配以灰瓦的映衬，更是有了年代感。砖块本就是陈年旧物，经了火的历练，重新组合，让人不觉得有什么陌生感。这奇怪的美感，或许只有我这样的"无聊人"非要盘根问到底，才得出一点线索，琢磨出一点答案。

图 4-4 烟火色的墙砖

五 灰塑勾头的特写

在《消失的民居记忆Ⅱ》中我对灰塑勾头（图4-5）的研究持续了很久，直到在北方的民居中找到了最后答案。民居中这种常见的做法让我思考良久，既为自己的知识缺陷感到汗颜，也感受到中国建筑常识不够普及的现状。我希望通过自己的努力，让更多的人关注建筑，实现知识的传递。

主动学习与被动学习的差距很大，很多时候我们还是太刻意追求被动学习，拼尽了全力，做了自己不喜欢的事，成就了不喜欢的自己；而主动学习就截然不同，依托于兴趣，在信手拈来中获得知识，不刻意强求，反而容易实现自我价值。谁不希望在某一个时刻，不再受困于职业，而依兴

图4-5 灰塑勾头特写

趣生活？

不清楚这些老房子何年会彻底消失，却还没有被人记录下来。于国家文化的传承的使命感而言，需要每一个人的努力，这是我们长久以来的弱项，文化记忆消逝得较快。

从图4-5可见，灰塑勾头节点并不算精致，但是从建筑表达的手法来看，已经足够温婉——既能够看出来曾经的模样，也能展示出真实的技法。

上下的俯瓦、仰瓦印证了南方瓦片的宽度与承载能力（与后文的筒瓦形成鲜明对比）。俯瓦和仰瓦相互交叠呈水波状，两层瓦之间为砖，砖上为俯瓦，其表面的白色抹灰：如戴了一个帽子以防虫驱邪。砖间为仰瓦，形成的孔洞则为落水。

用方砖堆叠出空间，勾头的效果与砖的形状和高度直接关联。上海、北京地区的灰塑勾头要高些，内垫"增高砖"。岭南的灰塑勾头则要低一些，与薄薄的瓦片相互配合，岭南的瓦更加扁平，砖也不够高。图4-5这里瓦间采用了水泥坐底，显然是比较明显的败笔，水泥坐底略厚略明显，有些生硬。原先的工艺应该为白灰填缝，精致的做法该是垫层很薄，甚至近乎隐形。

白灰的渗入让灰白交融，在雨水侵袭之下，所有的痕迹都是慢慢褪色、慢慢圆润，这两种变化都是渐进的效果，慢慢生出黑色的流水落痕。所以现代古建修复的尴尬之处也在于此，老去是一种优雅，若不能用心去恢复她曾经的样子，那么所有的修葺都只是一种刻意的粉饰，产生的效果往往是惨红中透着苍白，廉价里带着毁坏。

不过尚好的一点是：叠瓦的铺设确实原汁原味。对于上覆的立瓦，我一直都十分好奇，不论是屋脊还是墙顶处，均是密排，挤压至宝瓶顶或端口。这么堆瓦，耗费材料最多，远比仰瓦、俯瓦的平铺用量大得多，我好奇的是这样"浪费"的意义。或是作为备用？但仔细想想又不对，或许只是出于偶然：铺设过程中，瓦的用量难以准确控制，导致剩余很多瓦片，除了堆在屋脊，墙脊便成了另外一处堆放地。倾斜角度则是由所剩瓦片来决定，剩余的多就角度大，像是墙的帽子；剩余的少则角度小，有点趴下来的感觉。

而堆法应该还是基于美观，即便这种密实堆叠增加了顶部重量，却也凸显了主人的沉稳气质，这里的文化意味重于技术的完成度，整体的美感还是表达出来了。

这些立瓦让我想到一片片枫叶，其实没什么关联，只是美得相通。堆叠的立瓦与水波纹的横瓦正好对应，一横一竖，组合出了立体感，又因为存在一些弧度，在立体感中又呈现出一定的曲线美。土瓦来自泥土，长时间后，绿苔丛生，成为这水墨画的生动点缀。从淡雅到鲜活，从墨色到青绿，堪称中式建筑文化的最佳体现。

六　地面的光

雨多则路面不适合用泥土，卵石铺设（图4-6）始于中国，白砂铺设则多见于日本。中国人讲究处事圆润，外在光滑，内在又很有硬度，卵石因此在园林路面中颇为常见。而日本人讲究做事细微认真、礼仪周正，则使用白砂的路面居多。这虽是我的猜想，但建材的特性的确与人的性格有着微妙呼应。

若不是低头细看，你会觉得那些石头上的斑点只是灰浆的残渣，但仔细看就发现那些是细小的喇叭状苔藓，一丛丛覆盖在卵石上，在微观的世界里这该是一座森林，下面或许还有小虫穿行和躲避，以及更加微小的家园。

只是这个位置并不恰当，每天都会被人踩踏。但它们就是生生不息，苔藓是这个自然界的低端生物，没有腿，无法逃跑，也无力选择生存环境，只能顽强地活下去，像极了我们人类的坚韧。如今"内卷"一词盛行，其实源于生存的压力太大。有时候觉得，人会从无边的欲望陷入无边的焦虑，选择的多样性反而会导致选择的迷失。

这些苔藓是自然界的精灵，我们却从来不在意它们。阳光好了它们就不声不响地消失，不会有人去想它们去了哪里，和那些蜗牛一样。而当阴

图 4-6 雨中卵石路面

暗潮湿来临，它们就会悄然出现。

这或许就是生活的本意吧，强者、弱者这些定义是留给外界评判的。生命并不在意你获得了什么，而是在意你能不能坚定地生存下去。生命的进化并非是你死我活，更多是平衡后的妥协，是争斗与争斗后的和解。物种间一起进化，相互促进，才造就了如今的青山绿水。

从建筑的角度看，如前文所述堆瓦上的苔藓，弥漫着山水的乡土气，而路上的苔藓则增加了路面的柔和度，让色彩不再单一。

七 镂空的记忆

图4-7中的墙如挡雨栏杆，两侧月梁弯弯，中间顺梁直直。挂落（或为雀替）置于中间其实很罕见，如果设于柱端则是典型的雀替，如果设于中间则是"牛腿"（见后文），即便有镂空的纹饰，但其承重的作用更明显。

这道隔扇十分优美，关于雀替、挂落的介绍很多，但如这般阻断风雨却不隔断人行的隔扇墙却不多见。那个下午阴雨绵绵，但却不冷，与南方的夏季相应，潮湿无法遮掩，也就不再遮掩，尽情透露着所有的情愫，目之所及皆湿漉漉的，甚至内心也是如此。

我坐在这曾为军校的建筑里，时光可以消磨这里的窗棂、座椅，但却无法消磨记忆。这里复原的模样与曾经的样子一致，只会更加细致，因为采用了现代工艺。

镂空的隔扇，本质是一道墙体，具备墙体的功能，却蕴含窗棂的意境。在某一个瞬间，美化作流年，积水的地面汇成一面水镜，木墙则垂落至地，两端的界限是天空与地面，平面与立面在某个角度随时转化。上方未被遮挡的灰白色天空，虽非透彻的晴天，却是对比该有的底色。

为了不那么单调，墙中间的隔扇加了层梁，上方是墙式窗棂，对折到下方则是小家碧玉般的井字格窗棂。中间的部分增设了一朵花，寓意是"井"（锦）上添花。下方的开扇小了许多，侧重窗的功能。上方的隔扇

图 4-7 镂空的窗墙

则更接近是墙体的属性，组合在一起，是非典型的隔扇门。

那种薄如蝉翼的架势让墙体一触即透，与自然融为一体，是南派建筑中墙体通风透气的极致表达。台上老师的声音在四面回廊间传响，余音袅袅，却局限于厅堂之内。门外啾啾鸟语伴着花香，融入夏日斑斓光影中。学生没有烦躁，没有课堂的憋闷，于自然的空气中学习和思考。自由的理想一并游走于这百年之中，从觉醒，再到一代代人的努力。这里未必是梦想最先开始的地方，却是让梦想一直得以延续的地方。

八　天井下的阳光

岭南建筑中的天井十分普遍，在我的民居著作中介绍很多。天井四面立柱，可以设月梁，如图4-8所示。又可以分上下两端，较低的一端可以增设檩桁（类似于垫木）找平，其上为四面檩，与檩桁之间为部分插入的关系，固定后稳固抗风，形成类似轿底座的构造。

之后的技法比较多样，上方起窗为八角楼。依靠斜面椽条，四面退台至实顶，形成轿顶结构（图4-9）。第一层坡起的椽条之间为四道垂直檩条，形成井字格，作为八角形穹顶的基础。顶部向上构造更加复杂，内部为八角形的小穹顶，有延伸感，高耸且复杂，有严肃隆重之感。轿顶多为三层，同样设小檩条，或为成品，逐层起坡，直至完成复杂的顶部结构，最终封上屋盖。

如果轿底座至此为止，单层的四面檩条同样会插入檩桁，成为檐部檩条，如图4-8所示，出檐椽，上覆盖檐瓦，留出中间的天井孔洞。

檐椽上可以设木板或平青瓦，末端以檐椽收口。如榫卯完成紧固后，构件因咬合产生细微的抖动，赋予结构圆润婉约的气质。檐口上则是素灰勾头，檐口封闭，也留出了雨水渠道。因有素灰，故为白色基调，有了灰白色的南派生活韵味，凝重之中多了对于时光的思考。遮挡了一半的屋檐檩，露于天井中，层层叠叠，凸显层次感。江南水榭通过房屋高差营造景致，故有小桥流水、别致小景，其美不只在平面，重在立体感。

图 4-8　天井式轿顶结构

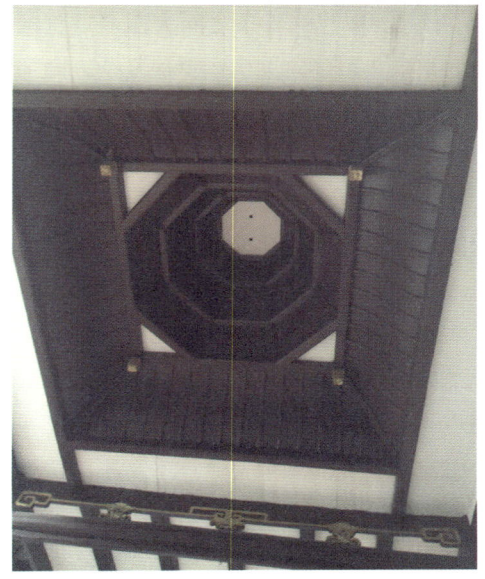

图 4-9　八角式轿顶结构

想必主席当年亦是在这下雨的日子，思索中国的未来、国家的出路，写下那些气宇轩昂的诗句。南方可听夜雨声、秋雨声、春雨声，不同环境下的心境皆可与建筑有机交融，这既是一种人文的表达，更是建筑对生活的深度融合。人对建筑的改变可见，而建筑给予人的启发和思考却是不可见的内容，但两者确实相互影响。

九 岁月的刻画

这个弹痕孔洞被玻璃封存（图4-10），是井冈山现存难得的历史原物，因为在红军撤离井冈山后，井冈山与红军相关的痕迹几乎都被损毁，当地有"石头要过刀，茅草要过火"的谚语就是对那段历史的一种比喻，可以想象井冈山与红军相关的遗迹留存之艰难。

图 4-10 战火拆解的墙体

而这个弹痕则可以显示昔日战火的残酷，墙体虽被击穿，但带有骨架的土墙却岿然不倒。这是建筑的力量，更是建筑对人的保护功能的展示。除了遮风挡雨、提供温暖之外，建筑也有遮掩行踪、抵御炮火的功能。

小时候耳熟能详的三只小猪的故事，对房屋的构造安全性能做了简单而全面的概述，草房、木房再到砖房的防护性能的差别，通过面对大灰狼威胁时的防护差异体现出来。用儿童的故事描述了不同房屋的防御能力，能让我记到今天，说明故事写得很好。

墙体内加竹篾是南方建筑墙体的一种做法，在建造阶段采用夯土工艺，两边均设置脚手架，搭设模板，内部夯土筑实。墙体砌筑到一定高度，稳定性会变差，容易倾倒。这时候就会加入通长竹篾，用以拉结墙体（可对比后文的北方墙内柱），且将上下部分进行缓冲分隔，与钢筋混凝土的钢筋原理类似。再夯土筑实，竹篾成为内部的"钢筋"，强度得以网格化，使重力得以均匀分担，一直到下一个抗压结构薄弱点，再重复此工艺，直至墙顶，逐层释放应力。

因此炮弹击中墙体后，虽然墙体的土坯被击穿，但由于内部竹篾构架的存在，把短时承重的冲击力分散给竹篾的四周，而墙体已成为一个整体，分散了水平受力，进而没有坍塌，仅出现弹痕孔洞，这是墙体整体性良好的佐证。

同样，整体性于生活中也很重要，没有绝对强大的个人，只有人尽其用，相互弥补，相互成就，才是一个整体，远比独立个体、简单数字加成要更加强大。这恰是中国的强大根基，源自有着最佳的协同性，有着吃苦耐劳的特质，也有着前赴后继的勇气。以前有人说一个中国人是一条龙、一群中国人是一条虫，这话如果放在男子足球领域或能够成立，但在社会治理、工业制造、文化传承上来看，中国人展现的协调性明显是世界顶级，因此中国制造的地位无法被撼动，这是来自于内部的文化凝聚。

世界风云涌动，我们能拥有如今的发展，着实是靠着每一个人的付出，也离不开群体的相互配合。有人问，中华民族为何历经几千年风风雨雨仍能永续传承？从历史长河来看，这个国度的人们从未以一盘散沙式的状态发展。他们懂得建筑中的巧劲，砖木结构建造的灵巧甚于西方的石头建筑;也知道整体性的力量,恰如榫卯构件的相互制约;更知道合力的作用,有了穿斗式建筑的整体稳定。

十 南方支摘窗

叉竿在我的民居著作中已有细致介绍,而这张照片(图4-11)却难得展示了固定支撑杆的沟槽——支摘窗上方的孔洞即是。支撑杆依靠自然重力向下顶在窗角,由于两边均为垂直角,夹角处的固定源于两端受力的自然卡位。

我曾经拍摄了很多挑窗,但都没有看到如上图那样的卡槽。以至于我

图 4-11　有卡槽的支摘窗

曾经认为这类挑窗并不需要卡槽。直到这里我才发现卡槽其实真实存在，并非想象之物。古代建筑的每一个节点都需要在不同地区、多栋建筑中反复予以印证，这个过程很有意思，说小了是一种对自我猜想的验证，说大了则也是微观层面的考古。正如实践出真知，不轻信他人。

从照片来看孔洞似乎偏大，支撑杆在其内有些晃荡。遇到了大风或是大雨，支撑杆会不会坠落呢？我认为余量的设置，反而是为了抗击大风，支撑杆会随风挪动，停留在受力最合理的位置，与风形成一种妥协，也是力求平衡的一种姿态。因为余量的存在，反而让稳定性得以提升。

这个原理同样适用于人性，余量的存在是对自己的宽容。我曾受焦虑症困扰，原因之一就是曾经渴求一切的极限，而不懂余量是真正的心灵缓冲。当身体与精神不同步，余量便是相互和解的契机。人与人之间的关系也如此，因为余量的存在，距离产生了美。越是想抓得紧，越是抓不住。

十一　乾坤

门簪在中国民居中极为常见，其上多见有文字标识，如"福禄寿喜"等字，也多见有绘画，如"梅兰竹菊"等图案，均寓意吉祥。有设四根门簪的大户人家，也有设两根门簪的平常人家。有圆形截面的常规形制，也有六角形的特别形式，都表达圆满和汇聚的喻义。

门簪是中国南北普遍存在的门面装饰，有意思的是其装饰性与古代妇女发簪异曲同工，就是让门面变得整齐庄重，有礼貌迎接客人之意。

图4-12的两颗门簪值得单独介绍，右边一颗上雕刻的通长三横为八卦中的"乾"，而左侧这颗门簪雕刻的则是八卦中的"坤"。古文从右向左来读，即是乾坤。从中国古意来说是指相对的两面，意味着游弋于两端之间，而不逾矩。用在住户上，则一边指天"乾"，一边指地"坤"，天地之间立为人，即要做个顶天立地的男子汉，刚正不阿或是屋主人的家训。

门簪在中国的民居中比较多见，但用乾坤文字式样的确实不多见，需要主人具备一定的中式文化底蕴，且要加上一点阴阳易经的风水学。

图 4-12 乾坤门簪

十二 井冈山的民房留存

这栋房屋在淅淅沥沥的雨中愈发青黑（图4-13），井冈山的雨似乎就没怎么停过，而我的行程也接近尾声。这里太过潮湿的居住环境，让我对当年主席吃过的苦有了深刻的体会。当下的好日子着实来之不易，而我们距离烽火连天的岁月已经很远。

空气清新，路灯昏黄，路上行人寥寥，无人在意我研究房屋的模样。年轻人没有经历过饥饿，不会知道饥饿地活着有多痛苦；没有体验过被人歧视的滋味，便不懂尊重需依托硬实力，而这种硬实力，正是我们这百年来一点点争取和积蓄的结果。

这些破房子代表了曾经的饥饿、贫穷与缺乏尊重，回望百年，世界其实进步斐然。

砖墙砌筑符合南方房屋的特点，面砖与顺砖间隔排布，每两排顺砖一

图 4-13 井冈山民居

轮换，一为美观，二为模数合理。老式砖的三个面：顺、丁、面，面砖就是大面朝外放置的情况，其实就是立放。墙角可见三块面砖竖着叠在一起，压在下方的顺砖上。而平放又分为两种，砖的小头朝外，即丁头；砖的长侧面朝外，则为顺头。

南方没有供暖需求，砖墙厚度不受限制。正面砌法为两层砖顺头平排，第三层为三块面砖立放，压着下面的顺头平砖，厚度接近24墙（24公分），依次循环砌筑。

墙角构造稍微复杂，平放的两层砖，顺头和丁头相互交叉，也就是直角的一面是丁头，另外一面的就是顺头，另一层则正好相反。通过如此砌筑，形成双手交叉的模样，实质上形成构造柱，起到拉结的作用。

这栋房屋采用无柱的结构。北方一般墙上起梁，暗藏于墙内，设于进深向，这里梁似乎被省掉了，没有暗藏的痕迹。梁上排布檩条的做法在此存在，顶部最高的檩条，同样也被称为梁，甚至称为大梁或柁檩，只是方向并不同，为开间向。为准确区分，还是应该认为这是檩条的一种特殊形式。

不同的是这些檩条大大小小，顶部梁还不如底部的椽条粗壮，看似违反常理，但也没人规定房梁就一定要最粗，能用就可，没有绝对，好用就是合适。

檩上生椽，从后半段屋面可以看到，这里采用椽板而不是椽条。椽上加瓦，前面的乌瓦很熟悉，应该其下有南方多见的挂瓦椽，但后面的却是石棉瓦，为现代产物，表明房屋近几年曾有过翻修。

南方的老屋在墙边常会有堆瓦，在屋脊堆瓦为了美观，而山墙处堆瓦主要是为控制屋面瓦片的稳定性。如同卷边披萨的边缘是为了馅料不滑落，与这里的堆瓦作用相似。

我对堆瓦始终怀有特殊的感情，它是南方建筑的文化符号，也是一代代人对于过往记忆的层叠缩影。因此我会多一点关注，看看屋内是不是还有人居住，看看有没有老者，看看是不是可以聊聊天，看看是不是能够探寻一点曾经的故事。

老人们的回忆很有价值，却在消失。他们的故事很多，但留下的却很少，原因是倾听的人太少，年轻人太过匆忙。我们也在衰老，自己的曾经也开始淡忘，这样并不好。这也是为什么我要探究凡人的曾经，凡人的老房，因为伟大出自平凡，过去铸就了现在。

这栋房屋的对面是个卖土特产的小店，很简陋。一个大叔，也许比我还小，但感觉我们互认了对方为大叔。小店销售各种干货，蘑菇，木耳，还有茶……我未必想买，只是觉得这个大叔有点乡土味，透露着一种诚恳。旅游区的东西一般不敢轻信，屡买屡被骗。

其实第一时间已经决定了买卖，这个大叔推荐给我的茶叶300元一斤，他给我泡了一杯，我说不懂茶，他说明前茶就是第一泡不苦，问我是不？确实不苦，我认真地说又学了点知识。后来跟同事们说起，他们哄堂大笑，说通过测试，对方知道你好骗了……原来如此。

其实买茶是次要的，喝这几杯茶才是重点。听着他讲茶，这矮屋子里很安静，九点多的夜，有茅庐听雨之味，于是懂了为何这里古称庐陵。陪人说话，何尝不是陪自己聊天。

临走我买了四两他的茶叶，多问了一句："这就是最贵的茶了吧？"他说："哪里啊，980元一斤的没推荐给你，因为300元的性价比高。"我信他的话，别人眼中自己的身价是真实的。我还是又要了一两贵的，他眼神中的欢愉一闪而过，显然觉得占了便宜。第二天中午我从他门口路过，对视了一下，他已经忘记了我，我却还记得他——他卖的是茶，我买的是故事。

十三 擎枋之拱

我曾经介绍过许多关于牛腿的构造，牛腿在中国的建筑美学史上占有特别的位置。如同其名，牛腿是一种力学构件，设置于柱与梁交错处，普遍较宽、较厚。对比"雀替"，后者更侧重美观，尺寸相对小些。而牛腿更侧重于受力，在美观的同时，也起到分担和发散梁柱重量的作用。

图4-14里则是柱与枋的关联，牛腿成为独立构件。上撑为双层枋条，在门口凸出的梁枋部分又称为额枋（枋与梁其实方向相同，区别为枋更多为辅助配件，呈方形）。这里为双层额枋，突显门头的装饰性与高贵气质，而这种气质又需要雕刻来体现。

在经典的建筑中，气势往往来自于复杂榫卯的飞挑，而气质则更多来自于雕刻和绘画。雕刻的内容越复杂越显尊贵，但过于繁琐、过于严肃，会让人产生畏惧感。时间久了又积灰霜，会透出一点恐怖的意味，反而不妥，所以额枋的装饰需适可而止，与建筑的体量、规格、类型一致为美，过之不好，不够也寒碜。

建筑的核心美学来自于成比例的美观，这种美观基于大众审美，但多数又超前于大众审美，与文字等其他艺术相仿，来源于生活，但又高于生活。这是鉴别好作品的一种方式，但对于作者而言有些残酷，卡夫卡、尼采、梵高等生前均不能被人理解，离世之后其作品才被人关注。却也合理，眼前的成功多会使人蒙蔽，沉溺于过往的成绩而无法突破原先的高

图 4-14 牛腿的示意

点,从而不能再次做出极致的作品。故有代表作一说,却显然多不是生命最终的作品。

说不清楚这里的雕刻是原有的还是后来增设的,但元素肯定是对的。中式文化的雕刻技艺在植物中集中体现于梅兰竹菊,外加牡丹,分别象征了大富大贵、虚心高洁两大类。针对了不同群体、阶层、文化层次的需求,但均寓意幸福,只是每人对于幸福的理解不同而已。

本图中的雕刻图案不清晰,表达有些模糊,可以分类在牡丹,设于二层梁枋。在景物中集中体现在祥云、如意、波浪等,古人崇尚仙界,认为神可以定夺一切,而这些元素其实都是人类难于彻底了解的物件,充满未知性,则定义为海的那头、天的上头,都视为神仙的境界,也用来祈福。浪花激荡,波纹延展,那含在中间的似是水中如意,代表随心随意,也是柱上生花。

瑞兽则种类更多,龙之九子、貔貅、麒麟等都是,这里不一一介绍,就说貔貅,是吃了钱不吐出来的;再说麒麟,是有威严又有战力的,也都好理解,同样还是来自于人类欲望和权力的本能需求。这里看似像是麒麟,蹲在第一层梁枋的下面,震着门面,有威慑之意。

十四　零落的雨滴

雨滴零落,天色阴沉,这场雨将我困在这遗址中不能动弹,雨似乎要小了,却又变大,雨水汇在沟渠中,不知流向何方,却看得出来滚滚滔滔,南方的雨着实吓人。其实只是中午,黑色的屋檐却已经有了傍晚的墨色(图4-15),雨滴落在南方薄瓦的仰瓦中,形成溪流,又汇聚于天井的一角,泄流而下。白色的墙慢慢渗入墨感,白墙灰瓦中的我慢慢开始适应这一切,人的适应能力很强。

时间短暂停滞,而我的思路在一瞬间也变得静止,时间是相对的,艰难和痛苦中,人总会觉得它漫长,而幸福如白驹过隙,又总觉得那么短暂。其实时间本身是恒定的,只是经历者的感觉截然不同。所以珍惜现在

图 4-15 雨中的屋檐

的美好时光,是每个人最应该做的事,也是对于生活的基本尊重。因为我们无法预判生活的多变,每一个人都需要意识到生活得来不易,这是这些故居真正的存在价值和意义。

这些老房子的重建或是重塑其实只有一个目的,让我们了解过去的他们,知道得到今天的生活,我们的祖辈付出了多少,倒下了多少。也正是因为如此,我会更加有危机感。幸福不会总是存在,美好则真的十分珍贵,居安思危是每一个国人需要保持的态度。不能因为我们没有经历苦难,就认为我们的拥有是理所应当。幸福实则来之不易,历史已经远去,但危机并没有真正消散,甚至现在变得更加复杂。

世间付出与回报是成比例的,但往往是吃苦的是一代人,享福的是另外的一代人。现在的人了解故人的伟大,并以此作为警示,是世界进步的原动力。我不认为痴迷于历史对我有多大的帮助,但我却坚定地认为:要永远不忘记苦难,这是我们应该从过去学习到的精华,并以此鞭策自己,保持初心。

第五章

那些路上的故事
——本来不多

来来去去，时光流淌，这条路是建筑对于我的指引。

一　为什么是我

其实每一年都会先回到家乡，然后再去草原（图5-1）。老白是个很固执、习惯固定的人，每次都是用同一个司机，去同一个地方，做同一件事：采蘑菇。像一个收购蘑菇的商人，却只是为了找回儿时留存的美好回忆。

但是几年下来，蘑菇确实越来越少。到了今年，司机干脆提前准备了晒干的蘑菇，这是他平时很多次回家的收获。雨后才会有蘑菇，司机回家次数多了，总会遇到下雨。但我回家乡的次数太少，没有那么巧遇到雨天，他知道带我来，也大概率会无功而返，却不好意思直说。

收获一年不如一年，我明年或是以后还会来吗？其实我自己也不知道。每年都做着决定，每年又后悔，在犹豫中与乡愁纠缠着，人就是这么

图 5-1　家乡的草原

变老的吧。不过一路上的老房子却被我一栋栋地进行记录，一次又一次的行程有了些神奇的感觉。

到了这次，我凭借着并不出色的计数能力，终于数完了一路的老房，这一次后应该是不留一点遗憾了。这些老建筑就如有灵魂一样，吸引着我一点点去看，去记录，写下来，再出版。似乎只有这样，它们承载的历史与记忆才得以更好地延续，我也觉得自己是做了一件好事。

但为什么会是我来做这些呢？我一直都觉得与老房子打交道太多会阴气过重，对身体不好。等到写到这里，又觉得似乎这个说法不成立。老房子并无意伤害我，因为游走在这些老房中，我所感受的触动，是我的灵魂与建筑的相通之处。而文字是我对它们的安慰，让它们释怀，这是它们选择我的原因。

生活并没有偶然，建筑给予我的每一个点都充满了爱意与温存，而并非苦痛。为了温暖才有了房屋，为了安全感才有了家，这或是建筑真实的价值和意义。也是经过这么多年后，我自己的成长和理解。记录它们想告诉我的故事，让它们不再留有遗憾，安心垮塌，完成重生。

二　灌溉渠

这组建筑（图5-2、图5-3）横亘在这片靠近草原的土地上已经很久了。每次路过看到它，我们就知道已走了约一半的路程。水渠两边都远远通向远方的山丘，像是一把尺子丈量着平原的广袤。

这是灌溉渠，在南端的起点一端，形成一个L形的路径。当年端头上应该是有抽水的水泵，下面或有河或是水库，只是今日都已经无迹可寻。几十年的地质变化也十分显著，只剩这人类杰出的建筑奇迹，突兀于这荒凉的草地上。

水渠最高的一端有7~8米，然后用其漫长的缓坡一点点地将流水输送到北方的农田，直至末端与天空、地面交于一处，汇入大地。水渠屹立在此，被人遗忘又如此壮观，延绵至看不见的远方，延绵至看不到的心底。

图 5-2　向北的地上灌溉渠　　　图 5-3　向南的地上灌溉渠

人类使用建筑的记录，在一定程度上反映了人类的进化历程。以前每次来的时候天空总是挂着白云，这一次则是纯色的蓝天，对比度更好，冲突性更强，用最美的光线展示着这里的魅力。

我终于可以驻足，触摸这时间的痕迹，石砌建筑在中国建筑中有两个混合阶段：一个是石砌建筑与砖砌的混合阶段，后文会介绍；二是石砌建筑与混凝土的混合阶段，更加罕见。因为混凝土建造的老式民居极少，多用于公共建筑或是涵洞、水槽等，公共设施会有应用，如这组水渠。

石砌建筑与混凝土混合的时间段也相对短暂，集中在20世纪50年代到70年代，之前主要采用石头砌筑的方式，之后则进入了混凝土大量应用的阶段。交接时间短促，却容易辨认。水泥钢筋的成本快速降低，迎来了混凝土广泛应用的现代。

三 空腹拱

其实第一眼看到水渠的时候,我就感受到这并非中式民居的式样和材料。我先想到了欧洲城堡,又想到了中国的拱桥。其实它的样子接近于拱桥,只是更彻底和直接。去除拱桥奇数孔洞的要求,形态上高度逐渐降低,建造难度大了许多。好在这里只是走水,而非走人,宽度相对狭窄,安全性相对要求较低。

从建筑外表看并不粗糙,与农村的建筑截然不同,是集体智慧的产物。而从结构上来看是近代拱桥形式,拱桥在近代更多采用石混结构,即石头砌筑大拱,混凝土筑造实腹或空腹部分。

顾名思义实腹是将桥腹用石或混凝土充填密实,而空腹拱则就是图5-4中的样子,是在大拱的左右拱肩上加筑小拱的形态。桥拱如加设空腹拱则大拱普遍较长,有着长长的拱肩,才能托起多个空腹拱。空腹拱设

图 5-4 空腹拱示意

置越密集，则越复杂，越精细。

　　最早采用空腹拱的拱桥，设于河上多为了泄洪的方便。在不影响结构安全的前提下，疏导水流，但地面上的水槽显然并不存在这种功能。采用空腹拱另外的一个优点是能节省石料，减轻拱桥的自重，并能美化桥体的造型，这个优点在此处体现得淋漓尽致。

　　因为增设空腹拱，数百米的水槽孔洞犹如钢琴键逐一按下，又没有弹起，形成不同的音阶，传向远方，让我由远及近倾听着大地的各种窸窣声音。每一座孔洞的样子又如一座竖琴，每一立柱为竖琴的琴丝可拨弦出声音，与之对比的却是寂静大地，需要完全用心才能感悟这建筑之音。

四　成型混凝土制品

　　图5-5中可见水渠的根部规整砌筑，大石块呈方形插入大地砌筑出基础，竖直的台子如一朵花瓣，展开的部分向两侧卷曲开来。这是标准的拱券做法，相互挤压受力，大拱要设置模板，先排布后承载。大拱的基础与向上矗立的立柱是两部分结构，立柱为成型混凝土制品，矗立成墙。两部分交角的部分还设置两小块T形石砖，用以阻挡立柱部分向外的侧翻趋势，通过压实挤紧，弥补两部分并非一个整体的受力薄弱点。

　　我猜测成型的混凝土制品抗剪强度弱于天然石材。混凝土加工制品与天然石材的区别在于，天然石材依靠分子间的拉结力，与混凝土通过化学反应产生的粘合并不同，二者在抗压性能方面较难直接比较。这里用混凝土制品可能更因为其形状规整许多，方便顶部找平。另外混凝土密度多为2600kg/m^3，而天然石材密度通常不小于2600kg/m^3，一般情况下，混凝土的相对密度较小，是减轻拱体重量的一种手段。

　　有意思的是也不知道是哪个小朋友在上面刻下了原始人般的岩画，当然是一种孩子的玩乐，而我把它看成了建筑的图腾，印证着建筑与人曾经的关联。因为这些绘画的存在，证明这里曾经热闹，也许麦浪滚滚，也许嬉笑声翻天，而喧嚣的角落里有一个男孩子悄悄地刻下一个心愿，那是条

图 5-5 拱底的做法

游弋在海中的鱼,承载着孩子的梦想,或是对世界的期待。然后一起长大,或他的梦想并没有实现,或他已经衰老,不知道是否忘记了曾经的愿望,但是这水渠如同母亲的臂弯,也如父亲的肩头,将这对于梦想的深深刻画保存至今。

建筑上那些不灭的痕迹总是我最愿意去追寻的秘密,让我这个远方的游子多看一眼。偶然相遇实则必然,我轻轻触摸着这岩画,它似乎向我诉说那个孩子未完成的梦。而我告诉他外面确实有大海,确实有鱼,干涸虽然存在,但爱也一直存在,从那时一直延续到现在。

其实我也就是他,曾梦想飞出这片山丘,多年后又渴望重返简单。生活不存在绝对的好,也没有绝对的坏,儿时做梦的样子是真诚的,成年后感慨也是真实的。梦想的力量让我挣脱出那大山,而山外的世界让我知道确实有鱼,而自己也确实渺小。建筑早已看透这些,但它沉默、宽容、有力而坚定。

五 雅典古城

说这是雅典卫城不会让人怀疑,天空与这宏伟相配,蛛网与时光映衬,让人嗟叹不已。人已经渐渐远去,甘于寂寞的蜘蛛日出日落间,拒绝着繁华与热闹,于清净处与建筑做伴。

生活的改变在建筑上形成的斑驳痕迹要甚于人类,当我们尚还是中年,建筑已经被人冷落。但又很公平,人的中年短暂,老年更如白驹过隙,建筑的老年却十分漫长,与材料有关,也与维护有关。等我们离世,它们大多依然残存,虽不再崭新,却仍有部分矗立,虽不再使用,也不意味着就此消失。

这并非欧式建筑,不过是农田供水的水槽,这种错觉很好。这几年没有旅行,我逐渐遗忘了地球另外一端的模样,其实曾亲眼所见的古罗马的恢宏影像在脑海中产生共鸣,才会让我有如此的遐想,于建筑的痕迹中寻觅世界的影子。

每两段主拱之间矗立着五段空腹拱,而每一段主拱两肩又各自承重两段空腹拱,依据主拱的高度逐渐爬高,直到顶部平面,如是桥那就是桥面,这是水渠就是渠面。

空腹拱压在主拱肩上的一端采用了斜面混凝土砖支撑(图5-6),依靠整体性抵抗着侧滑,这或是建筑另外的一个薄弱节点,但出于内部非主要受力节点,整体稳定性消除了滑坡的倾向。

石材与混凝土块的混合让建筑有了迷离的质感,石质为黑色,混凝土为土黄色至顶。石材嵌于混凝土立柱的顶端,恰似镶嵌,可想那又是一个核心受力点,需要抗衡剪力时石材又挺身而出。

所有的空腹拱支撑并没有再采用拱券的做法,而是采用了预制混凝土曲梁,三块平放,留有缝隙。这与大拱确实不同,大拱靠的是挤压,这里受限于施工条件,因琴键般的小孔不便搭设脚手架,采用预制拱梁最为合理,尺寸也更加统一,压在混凝土柱的顶部,形成小穹顶,其上只需填充即可。

图 5-6 拱顶的做法

六 天桥

这是又一个壮观的景象（图5-7），一座大桥如同彩虹横跨天际，在蓝天映衬下格外夺目壮观。这是主拱的另外一个仰视角度，其实并没有缩小或是扩大，但在顶部腰肢明显瘦了下来，底部则是基础的宽度。所有的错觉只是角度问题，可见生活所见的未必是真实的，也可见距离会影响视觉的真实性。大跨度的视觉差明显且突出，距离越是遥远，对真实性的影响越大，感情其实也是一样。

这里长条形石板是整块，而不是长方形的混凝土砖，这里需要通过完整横断面的砌筑挤压实现拱券结构，但工匠不信任长混凝土砖侧向叠加的耐受能力，这或是采用石材的另外一个原因。

拱顶出现的斑纹与侧面的水泥勾缝并不相同，所见应该是水泥涂抹刮

图 5-7 拱底仰视

平后，经历风雨后再流失，通过两块石砖交口处的界限印记可做出判断。斑纹的变化没有标准，也没有规则，沿交接处的缝隙逐步过渡，显现雨水盐渍的效果，雨水中含有盐碱，从廊顶四周逐步渗入，但又无法趋近于中心，随着渗入的不同形成了不同的纹路，干了再湿，湿了又是一年。

其实我是第一次站在水渠下面，仓促停留，景色壮观却简单，当时头脑里比较空白，认真理解这些则需要通过回放照片，从细节中发现些许的遗漏。生命的痕迹就是如此，我们总是不能在当时发现、明了，等我们老了，再去翻看照片，会变得在意每一个细节，会发现曾经细微的一个动作、一个眼神，却都已是错过。

然而我们总是那么匆匆地度过少年、青年、中年，直到老年，当我们没有再去爱的力量、没有了再珍惜的可能的时候，我们才懂得其中的意义。人的悲哀于此，生命与建筑的意义皆在于此。缝隙中雕刻的纹路，沉淀于建筑的存储器中，其实都是一个故事，雕刻着一个瞬间，也可能是一个人的一生故事，时光刻在那里，留下青春和梦想，一代又一代人，痕迹无法灰飞烟灭，看得让人热泪盈眶。

七　时光遗迹

下午很温暖，让人容易犯困。那是回程路上，再次路过这边时，司机小付突然说了一句："你是要看看这里吧"，我慌忙回了一句："是的，是的"，其实未曾有过想法。因有段距离，可以远观，以前总不好意思张口，他似乎察觉我的心思，主动提了出来。很多次当最后一次机会闪现时，因我的迟钝，多会"嗯、啊"之后错过。直觉是一种飞快的意识判断，如果真的喜欢，相信直觉并且抓住它，而这次我抓住了。

走到建筑边上，儿子下了车，这下午的光线像嬷嬷茶般透露出温暖，显示一种反差，亲切如鬼魅吸引，外界的环境总容易让人误判自己的处境，我被生出胆量，不再惧怕席麻亚（当地一种划过皮肤就痒且肿的草），进入另外一个时空。时光在这里停滞了几十年，曾经的喧嚣早已沉寂，建筑也已经荒芜，但骨架却并没有消失，时光如果能够回退，它的辉煌确实笼罩着战争的恐惧，猩红色的天空是战火纷飞的梦魇，可以想象这是战略要地。

细看，才明白这其实是一个建筑群（图5-8），距离集宁老城区也就一两公里，守在这废弃的铁道边上，由一组钢筋混凝土的碉堡及这栋类欧式的建筑组成，同样是老屋。此行之前，其实对它丝毫没有想法，一带而过的思绪认为它是一座废弃的工厂，淹没于孤寂与荒草之中，直到这次查看，才大吃一惊，这是一处完整的隘口，不只是这矗立的烟囱，其下还有一座座被炸开的碉堡，它们均没有了顶，这是一种惨烈挣扎后的景象。

时间应回溯到1945年左右，集宁地区作为二战时的公路及铁路的交界点，战略地位举足轻重。仅是在解放战争期间，在此就进行过三次大型的战役，集宁城几度易手，这里留下了许多年轻的生命，许多痕迹早已不复

图 6-8 要塞的全貌

存在，但战争的遗迹却依然清晰。战争建筑是最坚固的建筑，也是被破坏最彻底的建筑，留下的部分太过坚硬，以至于很多遗迹会被人遗忘，却不会消失。

  在我过往的民居行走中，关于残酷历史的介绍极少。并不是因为这些建筑只有温暖回忆，只是多么极端、残酷的争斗，都抵不住时光的冲刷。一定能够见证的载体并非是我们的记忆，因为那记忆会磨灭，反倒是这些建筑，默默地与一代代人擦肩而过。民居透出温暖，要塞则弥漫冷酷，每一个看似模糊的弹痕，都是雕刻，让我站在这一片荒芜里，感叹生命的激情与沉默。

  世间的动荡并未走远，尽管每个渴望和平的人都向往和平，但世界上的纷争与冲突依然存在，人们将土地作为生存的根本，甚至把建筑作为武器，放在争斗的第一线上，直到所有的鲜血最后都失色黯淡，被建筑所唏嘘和耻笑。

八　碉堡

儿时我所在的城里有两座山，一座叫卧龙山、一座叫老虎山，一龙一虎，搭配得当，一东一西，把守集宁城的北面大门。中间是出城的道路，叫作怀远路，直通平地泉镇，也由此向南边的北京延展，地理位置重要。在冷兵器时代，即便是之后小米加步枪的时代，居高临下的地势都是极为占优。这很好理解，向上冲的人冲到半截已经精疲力竭，上方的人则是以逸待劳，优势极大，视野又好，所以两边山上很多碉堡，相互形成交叉火力点，碉堡之间以战壕为线，点线再连接成为一个面。图5-9中就可以见到进入碉堡的残存的沟道，入口处会有过渡，也需遮挡，会有一段与碉堡同质地的混凝土短墙，那是点线交口的示意。

那两座山上留存至今的碉堡多数还留着洞口，因为有顶，黑漆漆的样子。小时候总是会去猜想，里面是不是还有遗漏的枪支，里面是不是还有被遗漏的故事，这又过了40年，更不会再有任何存在的可能，但那黑洞口背后的秘密，在这里终于被拆解得很清楚。

与那两山的碉堡不同，这碉堡损坏得过于彻底，缺失了顶部。尤其上方的大碉堡体量惊人（图5-10），是我所见过最大的一座，设有高高低低的多个射击口，从内部来看，这些射击口都是倒T形，内部大，外部小，尽量扩大枪支的射击角度，但又尽量缩小被击中的概率。而上下分层次设置射击口，则是要做到全角度、无死角的火力覆盖。

有个细节值得关注：水泥抹面下，射击口右侧隐隐约约透出些许黑条纹，这一建筑细节并不常见。在窗上设置过梁十分常见，也不用赘述，但是碉堡的窗户显然除了过梁还设有立柱，从颜色判断，应为钢柱，起到局部加强的作用，定距设置，进至窗口处，采用一个钢制成型圈梁进行收尾。

碉堡内部的地面标高明显要低于外部的标高，我猜测有两点原因：一点是因外部的巷道本来就是沟道，为使两边没有高差，碉堡内部的高度也就低了许多；另外一点碉堡的射击口普遍较低，从内部来看，其实适合站立射击，当然高处的点还需要加一个板凳（多为沙袋），如果室内外的高

图 5-9 小碉堡外部示意

图 5-10 大碉堡内部示意

度过于接近,那低处的射击口显然人要趴着了,这并不合理。

我曾经认为所有的碉堡都为混凝土浇筑,这里显然给了否定答案,也对二战时代的地堡给出了不同的做法。这里的墙体为大石块与白灰、水泥的组合。有白灰的推断是因为黏合之处有灰黄痕迹,那是时间对于白灰的氧化痕迹。

外部的水泥勾缝很新,不像是原装的,但这么一个破损的现状,谁还会去勾缝呢?想不通,更想不通的是内部的抹灰显然不像80年前的作品,墙体保留十分完整,仍是昨天的模样,看不出战争的遗迹,或这就是我多次路过都没有想到是碉堡的原因。谜团很多,石头类建筑最难猜年龄,从千年到百年差别不算太大。有了水泥之后,这近百年的凝固又可以把很多衰退进行固化。至于是谁使用更是不得而知。

顶部彻底消失,地上的残件却并不多,我因此推测大约这顶部的材料是可二次利用,要不然也不会被拆得如此彻底。可能是预制的顶盖,更可能是钢梁覆顶的做法,上方或再浇筑混凝土,也可以直接覆盖沙袋,后者拆顶则简单许多。当然也有种极端的想法,那就是真的被炮火掀翻了盖,但几座碉堡都是如此,有些说不通,被拆走的说法更加合理。

再坚固的建筑在人类面前都不堪一击,如我所在小区的捡废品的老人,不用你垃圾分类,他会分解得很彻底,从价格到重量都会归类。建筑的人为拆解是一种科学,在建造阶段就应考虑到这一点,尽量使建筑材料能够被二次利用。例如,装配式建筑不仅有助于节约材料,还能降低拆解成本。而建筑的自然拆解是一种哲学,来自价值体系的驱动,最终让它回归自然,拾荒老人和捡砖头的孩童都会参与,人群一拥而上,之后,保证彻底且细致,再无利用的价值。

九　烟囱

红砖在80年前并不多见,与之相关的记忆是在青岛,那些德国人留下的老房子很多是红砖砌筑,印象最为深刻的是青岛火车站和别墅群。其实在当时，红砖还是稀缺材料，国内真正开始大面积应用红砖是在20年之后，此后红砖才逐渐在寻常百姓家的建筑中普及开来。

所以这里的红砖（图5-11）与后来的红砖严格来说并不是同一种事物，不仅指质量，还指适用场所。因其80年前的风格，所以更像是舶来品。很明显那烟囱并不适用于民居，显而易见是个食堂的大烟囱，故事因此能够连成线，这该是一个军事要塞，这栋建筑则是一座兵营，防守的地点就是这些碉堡。

高耸入云的是残缺的烟囱，几块砖悬在边上，显示着不完整的顶部，如一个巨人眺望着远方。腰身上的残角则来自另一栋建筑，那端已经垮塌，这边剩余的部分却仍纠缠不清。有缺失，也有多余，交错着，才有了伤害，因这种破损，有了危楼的感觉，左手侧仅剩两个爬梯的扶手，上下都变得困难，如生活寓意，进退都难，也像是叉着腰的手，弥补着左侧的不舒适。

更像是舶来品的证据是左侧的窗户。窗檐板倒是中规中矩，外挑部分，应该内藏也有部分，但中式的窗户一般都是木质过梁，上方继续红砖，而这栋建筑十分罕见的是采用了石头过梁，石头的过梁显然无法直接架在窗顶，因为都是零散石头块，而非整块。没有办法直接形成水平抗剪的效果，就需要堆砌出一个石头圈梁，贴敷在窗的四周，依靠红砖犬牙交错布置，抗压和抗剪两个角度都有考虑，才可牢固，防护着窗户，又依靠整体的效果撑起顶部的石墙。

上次见到这种建造手法还是在俄罗斯，东北也有，如大连、哈尔滨均见过类似西式建筑。但在这塞北，实属罕见，并非当地的房屋式样。

窗顶的穹弧，增加了它源自西方建筑的猜疑，拱形构件无论出现在哪里，都与东方古建有些距离，无论哪一个地区，哪一种宗教，出现弧形建筑的可能性都有，但在这里却不多。中国建筑往往呈现方方正正的形态，对对称美的崇尚尤为彻底，这体现了中庸、因果等理念，也在一定程度上塑造了我们较为保守的性格特质。如我们并不那么能歌善舞一样，情感上会有迟钝和木讷，但内心自尊等小情绪却很细腻，又与榫卯一样，这说不清楚的原因，可能就是东方的特点吧，从性格延伸到了建筑内。

图 5-11 烟囱与窗

十　炉灶

西方的炉灶多设于室内，为壁炉，与这种炉灶相似，均由外侧落灰的坑道（图5-12）和内侧添柴的灶口（图5-13）组成。外形又与在之前的西柏坡中见过的炉灶惊人相似，但显然一中一洋，西柏坡建筑的落灰坑道和添柴的灶口均设于外部，灰口在地面以下，上下布置，与火炉原理相似。

设置在这里则是为做饭使用，这么说，是因为我看到了背面两口大灶台的痕迹（照片中未显示），虽然今天已经没有办法看到锅灶，但从遗迹可判断。至于是不是同时也用于供暖，因遗迹破坏较为严重，且无火炕坑道痕迹，无法推断。灶口可见设于内部，与室内地面平齐，灰口设于外部，与室外地面齐平，利用了室内外的高差区别，与普通炉灶原理相同，

图 5-12　灶的外侧

图 5-13 灶的内侧

表达方式上有所不同，这里更加利用了自然地形的优势，内外看均合理，实际却用自然高差解决了落灰的问题。

从室外看，整体灶台均采用石头砌筑，但在出灰口部分还是采用了与窗户相同的石头砌筑圈梁，做出一个石头拱券，看似没有规则，最终形成的模样却很规则，是一种堆砌经验的体现。将看似无章的石头，依据形状、尺寸特点，最终各尽其用，完成一个兼具美观与实用性的灶口。灶口明显采用了西式建筑的砌法，从颜色到工艺均与国内的民居建筑多有不同。我们的石头砌筑多在基础，墙体偶有堆叠，但不会出现按窗户轮廓进行的整体砌筑。西方建筑红砖的使用偏早，质地相对更硬，以匹配石材的强度和质感。

十一　拆解墙壁

砖石混合的结构需要有水泥的黏结才可以牢固，它必须是一个整体，砖之间关系简单一些，相互挤压，其稳定来自摩擦力，不塌就是不塌，坍塌则很彻底。故这石头部分看着颤颤巍巍，似乎只要一点外力就会倒掉，但真的用力，又发现还是牢固，真实的效果远强于视觉感知。那些没有了石块的部分，有脱落的视觉效果，仅剩了水泥，尴尬的如同雕塑（图5-14）。

建筑中能被拆走利用的其实还是一目了然的，像预制窗台板，至于能用在哪里还是难以知晓，有一定强度，但是长度较短、重量较大是其不足。过去的生活节约，知道有些东西来之不易，喜欢囤着，今天大多想象不到用处。曾经的物质缺乏总能让我感到现在的生活美好其实不易，并非理所应当，年轻人或许不能理解。

我的年纪越来越长，对于儿时的记忆也开始模糊，慢慢适应这个时代的现代化和快速度。曾经的简单和落后就像是过往的东西，看着模糊，也一点想不起来用处。儿时家里也会捡木料，是为了冬季劈柴生火用，其实如果是盖房子，那些长一点的木头总还是能够被用到。那时建造的房子，

图 5-14　墙体拆解

真的是攒起来的,并不是你说开始就立刻要什么有什么,至少普通人不具备这个条件。建房子是一种长期的准备,如囤木料,捡拾砖瓦,开始建房的时候才不会觉得那么束手无策。

　　生活其实也是如此,这四十年让我忘却很多,开始不清楚哪些是馈赠哪些是争取来的。但这种感觉我想不会持续一生,人总要学会长大,学会珍惜,学会保守,与成年无关,只与逐渐失去有关。拥有让人忘记获得的艰辛,失去则让人懂得得来的不易,失去反而意味着成长。

　　石块中间当然需要黏合,外部还要用水泥勾缝,勾缝的作用是保护缝隙,进而保护结构的稳定性,防止内部风化。这里有一个新发现,那就是勾缝完成的水泥上还划出一条细缝(图5-15),只能说明两种原因,一个是防止热胀开裂,另一个就只能是美观了,能够营造拼接感。但作为二战时的建筑,谁会在意美观呢。

图 5-15　墙体勾缝

十二　旗帜

作为最后的遗存，很多时候你感受到的倔强和视觉冲击，多来自建筑材质，如这断墙（图5-16）。让我回忆起在韶关时的粤北围屋，那个断墙与这里十分相似，围屋的历史显然要早于这要塞，要说不同，还是填充材料上的区别。围屋是三合土，这里是水泥白灰混合材料，从残存的现状来看，其实效果是接近的。

因为石头的强度大，所以石堆垮塌后的形态与砖砌和土夯完全不同，砖砌会溃成一地，土坯则化成一滩，只有石头会出现倒三角，形成倒三角形的残垣。自然界会根据受力的最佳点尽量保留构筑物，砌筑时难以做到的结构强度，在拆除的时候反而能够达到。仔细想想，这也是自然的奇迹，是"叠叠乐"（抽棍玩具）在建筑中的相似作品。

碎石砌筑有自己的特点，在围屋中，并不敢确认，但这里有了二次确

图 5-16 石墙内部

认，有了一些肯定。你会发现石头作为自然材质，并不能加工得绝对平整，但还是会有相对平整的大尺寸的石块会被作为面砖来使用（详见第六章记述）。通过抹灰找平后，做到整体一平即可，而局部会有无法消除的波折感，被现代外立面所模仿，如蘑菇石。那些小一点的石料会用在内墙，同样选择较平的面，露在外面，分层堆砌，角度分别为顺时针45°及逆时针45°，层层更迭，不仅美观，也是强度的最佳诠释。相反角度，受力相反，每层累加，受力还在中心。那些实在没有平面的碎石用于填充即可，也算是各取所用，绝不浪费。

正好一个朋友发给我一张艺术图片，图片中的光线对比很好，也横竖斜排石头块，只是石头缝隙明显偏大。我微微一笑，告诉他：你这个是景点吧。他略微惊讶，也有些不服。其实我是根据这一堵墙得出的结论，墙体需要密实、需要足够强度的堆叠才能长期使用。如他照片中的石头间隙比较稀疏，房子可以盖得出来，但是却不能长期使用，做个影棚没有问题，但大多不会是货真价实的老房。

只有自己居住的房屋，才会在开始的阶段就很认真砌筑，房屋没法欺人。影棚是寿命最短的一种，十年左右就没法看了。工期越急，越无法细致，建筑寿命越短，如房地产高峰期诞生的住宅很快就要面临衰老。而好的老式房屋多是用石头砌筑，寿命极长。石材在材质与砌块尺寸方面有区别，越密实、越规整、砌块越大的建筑寿命越久，寿命达几千年的也并不少，反之亦然。

有人曾经说中国的唐代建筑已经不复存在，以此来证明我们对于房屋的整体保护意识不足，其实最主要的原因还是材质。我们的古建集中在砖木结构与土坯结构，这两种结构形式从风化及地震的角度来看都远不及石砌建筑，自然寿命要短许多。

十三　残存的记忆

在街头游走后，一家人又要离开这座城市。已经没法再回到儿时的感觉，游子永远是个游子，短暂的相处，同学、朋友会把你当客人，熟悉且客套，等着你离开。

而这老街，像个默默不语的故人，与我一起走过了一年又一年。每个场景都有不同，像那根本就不全是我。初中时风驰的自行车初恋场景，女孩拼命拉着自行车车座，拯救了下急坡失控后惊恐的我；高中游戏厅的友情，大家为了让我多玩一会儿，团队游戏中前面两个人顶着，把我放在中间，后面一人殿后，但我总是事与愿违，水平不佳早早退出。后来老房子被拆了，六七年没有再回来；等到回迁时，发现居然还住在这附近，能够看到街心的小广场。这十几年中，周边的拆迁进展着，又慢慢停了下来。褪去路边的那些建筑外衣，留下的内容却也足够让人回忆，回忆中有那几十年的台球厅、几十年的水缸理发、永不打烊的南方粽子店。

当然还有这脱落成一半的老式民居（图5-17），第一眼惊讶于那些屋瓦，我儿时的屋顶就已经是平瓦，也就是常见的青瓦。用筒瓦会比较久

图 5-17　屋顶的筒瓦

远，大概率是在新中国成立前，在北京的民居里相对多见，出现在这塞外小城其实罕见，最初的屋主人我猜想更像是北方的城里人。

仰瓦与俯瓦的间隔较大，并不严密，与井冈山老房的扁平圆瓦又不同，为半圆瓦，外形呈半圆形，截面为平角。而垮塌的屋顶，折断了又被俯瓦紧紧拉着的仰瓦，像极了断裂的肋条，半截向上翻卷，悲壮且真实。

一个城市的沉浮，对于亲历者来说可能更加深刻，但亲历者往往对细节的关注并不多，普通人与普通建筑的结果是一样的，所以能被人关注并记录下来，或许超过建筑本身的意义，而定格在这巨变的时代意义则更大。

未来的一切都会被留存，存在抖音、快手里，成为巨大的内存垃圾，然后普通的信息会被删除。而过去普通建筑的垃圾，会被倾倒掉，再也不会被重新砌筑，它们联系着一代人或是几十代人的过往，生活方式接近，居住环境类同。而从现在往后，生活方式乃至建筑发生全新的变化，为此有点小小哀伤，也有点小小激动，未来更值得期待，但过去也值得尊重和记录。

十四 坍塌

老房子的彻底解剖往往来自人为与自然的双重拆解，是刻意与无意共同作用的结果。眼前这栋老屋被拆了一半，又被风雨浸泡了一半（图5-18）。背后高楼林立，是两个时代的鲜明对比，也算难得的场景，既表征坚强，也是一种建筑的弥留。

土坯墙结构先让我想起了电影《隐入尘烟》中的那座土房子，一场大雨使土坯墙垮塌。土坯砖均是用模具脱出砖坯，晒干，垛起来备用，制作土坯砖自己完成即可，但需要等待比较长的时间晒干。我儿时与父亲一起做过这有趣的工作，作为最原始的房屋材料，在中国延续使用了几千年，造价低廉，广泛适用。

家乡的冬天是寒冷的，即便是红砖墙也是37厚（37公分厚度），土坯

图 5-18　土房的墙体解析

砌筑墙则需相应加厚。虽然土坯单砖已经偏大,但砌筑的方式还是和37砖墙相同。每一层立砖丁头朝外密排,每两层立砖内外相互错开一丁头的空间,边上正好可立起一匹面砖,依次在内侧与外侧交互叠加砌筑,形成整体拉结,受力维持在墙体中心,这是砌体结构的核心要求。

　　外面破损的部分是常用的麻刀灰材料,由于砖体本身也是掺杂秸秆的,交融在一起没有违和感。由于雨水的冲刷,土砖的外皮已经脱落,裸露出一些枝干,突兀地伸向天空,没有枝叶,像是一种诉说,又像是一种暴露后的挣扎。然而却也告诉我,曾经在达拉特旗(《消失的民居记忆Ⅱ》)的猜测是真实的,那些暴露出来的骨骼,是真实的墙体骨骼,并非遗留在内部的遗弃物。

　　抬梁结构在土坯建筑中是相同的,边墙的梁是暗藏在墙内的,但会露出部分柱子的表皮。而在土坯建筑中,这种暗藏更加隐蔽,藏于外层立砖内，所以外侧是没有办法直接看到的。而支撑向上的瓜柱（名称未必准确，作用类似），要更加纤细，可以解答我曾经的疑问，土坯墙如何解决自重的承压，其实是这些暗藏的梁柱，分层将荷载传递至基础，如无名英雄总存在于不为人看到的地方。

这样一座平房或因我拍摄的角度，或因它确实高耸，呈现出格外悲壮的效果，这种悲壮在废墟中尤其明显，然而又因停留在废墟状态太久，让这种悲壮越发浓烈。周边的房屋拆除殆尽，仅剩的这一栋看得出来拆迁有些费力，不清楚它未来会不会在友好协商下消失，但可以肯定的是：这曾经的高耸，似有传承的力量，建筑与人气质是相互感染，人与前人的气质向下遗传。

十五　脱落的骨架

图5-19中梁柱结构的细节处理很清晰，但也显得有点诡异。瓜柱（梁上小柱）发白，并不是很粗，檩条（前文已提及，在面宽方向上，屋面较粗的木质构件为骨干，其中位于顶端的特殊构件称为柁檩）甚至要粗于柱体，这一点就让我感到疑惑。瓜柱之间又采用了非常容易被忽视的水平支条进行拉结，这一点也是罕见，从固定位置的受力考虑，这么细的支条确实应该够用，但这种做法显然太过奇怪，我对那不成比例的尺寸感到疑惑。

随梁枋（此处用在檩条下）出现了，是檩下的那根方形垫木，插入柱内的U形槽中，随梁枋与柱实现固定，但它本身不宽，两侧端头可以藏在檩条内，也可采用铁钉与檩条固定，虽然照片模糊，角度不全，但我认为前者可能性更大。檩条下应有另外一个U形槽，供随梁枋插入，这样梁柱在垂直方向与水平方向都被随梁枋卡住，三者连接紧固在一起。

显然檩条并非通长，应该是在随梁枋的交接点完成对接，檩条尖的榫头的切削，还是显露出些许内容，对接的部分应为另外一根檩条的U口（榫口），完成两端互补的插接。

图 5-19　梁柱檩椽的关系

前面的柱顶多了一层垫板，这可能是建造者自己也没有想到的地方。当时工匠站在差了十公分的柱子前思考，没有柱子可以换，又确实差那么一点，这是工程常见的问题，相比影响基础的重新换柱，从屋顶上部解决要合理得多。因为顶部没有柱的自重，承重已经小了些，又因为在高处，左右晃动要对抗的剪力也要弱于基础，所以不如在随梁枋上再来一层，总要合理于基础上加层垫板，于是就这么愉快地决定了。

其实这种决定旁人也看不到，裱了顶棚，看不到；不裱顶棚，节点小，也看不清楚，除非如此一般地拆解。可以发现，没有一栋建筑是完全一样的，问题总是会出现，然后会以一种最适合它的方式被解决。这或是建筑总也叙述不完的主要原因，用它独特的故事，让我像是面对不同的朋友，停不下脚步地去寻觅。那些故事属于建筑本身，也属于居住者，更属于阅读者，每人看点不同，可以有不同的收获。

想不明白的显然不止这些，作为搭建于另外一栋房子的斜屋面偏房，共用墙体自然出于成本和空间节约的考虑。依照曾经总结的经验（可参见《消失的民居记忆Ⅱ》中日照的老房），那一道横梁出现的并不算意外，可以理解为它是右侧主房的内部梁，插入在左侧斜屋面房内，多露出端头，如果不长，也不会刻意费力截断。作用前章有过解释，梁上同样起瓜柱，最终的作用还是支撑屋面。但问题显然就出在这里了，梁应该不止一道，照片可以看出显然它是通长的，但这个高度在室内给人一种容易碰头的感觉，也许是视觉差异，但如果实际情况确实如此，就令人费解了，难道像南方吊脚楼的下层那样用于养猪？这种做法在北方城市不常见。但对于民宅来说，没有什么不可能的，留给记忆吧。

檩条与椽条（檩条上覆盖的细木条或木板）的连接，显然反映了大约的建造时代，那些椽条如散乱的头发搭在檩条上，凌乱却还有依存，被铁钉紧固。我儿时还被称为洋钉的东西，从输入到淡入尘烟也就一百年的时间。

前文介绍过，从老式榫卯到用铁钉简单固定，又到现在建筑的模块化榫卯，建筑技术总是在迭代中演进，方向却从未有变化，一直都是向更便捷，更易于重复使用的方向发展。建材轻便化，才有铁钉，有了规格整齐的木榫之后，铁钉又被淘汰掉，而六角形内置螺钉的出现，则赋予了建材合成的体格，让一切都不再单纯，与世界的理解一样，进入一个全新的阶段。

十六　没有曾经的曾经

虽然那时的我那么爱看书，但这个新华书店却是这次新的发现，也许因为儿时的我在这附近走得太少，也许是因为这个书店前面一直都有广告牌的遮挡，或是很早就已经挪作他用。一个人不该在十几年中一直错过，年少的时光很值钱，因为很慢，那里面能收藏很多的地方、人物、故事，这是成年后流水账般生活所不能比拟的。成年人的大脑既没有了存储功能，成年人的生活也没有了存储的必要。

这存在于桥西（城市以铁道进行分隔的另外一个区域）的新华书店，确是我在不惑之年后才有的偶遇。人与人之间的错过那叫没有缘分；而一再错过，直到都各有婚姻后才懂错过真爱，那是生活的真实场景与尴尬处境；当然另存一种故意躲着的情感状态，有点痛与无奈的意味，但显然都不适用于建筑，建筑要忠诚和诚恳许多，因为它不会说话，不会撒谎和解释，这样反而很好。

这种偶遇让建筑与人之间，多了一点缘分感，与旅途中的风景一样。只要你不曾让内心变得浑浊，总不会错过生活的美好，生活需要一点感恩，这是欣赏建筑之美的前提。很多读者觉得我的文字矫情，甚至有点肉麻，这点让我自己也略有尴尬。在我们老家，这种情况被称为"菜"，显然，这不是一种褒奖。但后来一想，性格使然，表达出来就好，不存在好与不好，而是共鸣与无感之分。建筑也是相同，多数人眼里的老房子就是个破房子，能够欣赏和感受其过往，说明这个人比较感性，喜欢回忆，但也心存善意。想明白这一点，我也就释然许多。与建筑一样，喜欢旧物的读者，也是如同青铜，外表笨重而内涵多善沉淀，世间人有万种，小众也有自己的选择和取舍。

曾经的书店，只需要水泥喷浆打出麻面招牌，上面的"新华书店"四个大字（图5-20）为预制产品，粘在墙面即可。这种自然形成麻面的水泥浆为公建才会用到的材料，也是用于粘接的材料，是公社时代的产物。与前文的商店如出一辙，都是约600mm高，阳文阳刻，像是那时代的标准做法，阳刻显眼且庄重。

扁圆的吸顶灯独立于雨棚外，也是那时的一个进步，而今天看则是一个过渡，之前是搪瓷白底裸灯头，之后则是用节能灯替换白炽灯，嵌入式安装替代了吸顶式安装。这是公装室外防水的一个标准做法，灯型简单，安装方式多一致，损坏原因也大致相同，多是因为塑料盖子的风化，损坏后没有了防水效果，灯泡很容易漏电跳闸，跳上几次，人就不愿意再给它换灯，慢慢把它遗忘。

以前提到的铁皮烟囱都是仅剩下孔洞，这里见个还在使用的实物，有

图 5-20　新华书店露出的标识

点得来全不费工夫的意味。在我居住的这个小城,这个区域因为拆迁有了变化,但尚未拆迁的人家也还不少。所以我春节回来的时候,会觉得这么好的蓝天白云下,却是无法呼吸的呛鼻烟味。司机师傅向我介绍,只有桥西(这个区)才有这种情况,这里没有拆迁的平房内人们还是在烧煤炭,且煤炭的质量并不好,所以空气里才会充满CO。当然CO是没有味道的,我儿时可不懂这些,会认为那种用力吸入先感觉呛鼻,然后有点让人窒息的气体味道,感觉就是CO,其实那是含硫化合物。

处理的办法就是不要那么用力呼吸,会感觉温和许多,就这么长大,看看其实问题也并非太大。随着煤改气的深入,未来可能烟囱真的会消失,但在现在,这里依然保存着这种生活状态和那种质朴的民风。

前文介绍过烟囱的制作工艺,镀锌白铁皮,其实并不能防腐,应该是冷镀锌产品,用眼看就知道,最多一两年后就会腐蚀,所以定期清理

（打烟囱）就很重要。在拐角处贴墙安装即可。这里因为墙线，伸出墙外100mm左右，然后经由烟囱拐弯继续向上，烟囱单节的长度前文有介绍为800mm左右，一般会是连接几节，通到顶上就可，也有讲究的人家，会设一个风帽，阻挡杂物进入。

烟囱唤醒人温暖的记忆，对比现在地热、曾经的暖气其实更具回忆感。把手贴在烟囱上的感觉是幸福的，也是再也无法回去的童年感觉。物是人非，即便人非，物依然可以留存，渐行渐凉的不只是它的温度，也指我自己的热情，生命的冷却并非指体温，更多是指心态。

十七　柜台详解

昔日的书店踪迹皆无，像是一个老店终了分家成了两部分，可惜这两个儿子又显得不那么争气。一个卖五金，货物堆得满满当当，无处下脚，老板撑一张折叠床，横在窄道上，正睡着午觉，我进屋后他眯着眼睛看了我一眼，确认与其无关后，继续睡了。

另外一个卖花圈，却是一家经营较好的店面，与故人打交道的行业，总是不受大形势影响，经济差的时候人反而还多些，有些人抑郁，有些人想不开，会提前退场，反倒多了几个客户。

老板探出头来，欲言又止，可能是想拉生意，但看得我并非悲伤之人，也就不再理我。但我总算可以进去看看，我拉着儿子假装进了花圈店。走进这店还需要给儿子讲解生死以外的故事，有些滑稽，壮壮胆子，装装样子。

店家好奇地问：你要干啥？我安慰他：别怕，我就是来看看老房子。店主一听反倒有了兴趣，又有了一脸轻蔑，这一点是我没有想到的。因为对我这个土生土长的人来说，几十年前就已经熟悉这里的街道，你不该对我露出轻蔑啊。这小城风沙极大，人都被磨损得明显老态，即便你看起来年龄大些，我也不至于小你很多。

店主絮絮叨叨，说我年轻，不懂。说这老房子的故事多了，却又没有说出具体内容,这是让我失望的。但看他欲言又止的样子,相信也曾经沧海吧。花圈店火过书店,这本身是一种现实,也是一种悲哀,这几十年间的变化巨大,几句言语无法表达清楚。

需要感谢他一点,这里的内部陈设居然没有大的变化,依然保留了作为书店时候的柜台。老式柜台(图5-21)前文已有介绍,结构大同小异。但是书店的柜台还是略有不同,就是尺寸都非常统一,几乎都是为16开的书籍量身定做。

因为时间太久,在木头的收缩变形中油漆显出了裂纹,却可以看出来原先的构造。偶数的竖板开槽2/3,插入长约竖板2/3的横板,通到底,插严、对齐、顶紧,正好水平固定。横板两端分别伸至两侧的竖板,一端插入,一端则紧挨着即可。有了其余点的固定,边角受力可以忽略,且留出了变形的余量,不影响美观即可。这个拼插有些眼熟,和放鸡蛋的老式纸壳子一个道理(有些读者可能未见过),其实纸板抗扭是肯定不行的,所以用了有强度的木板就可解决。

底柜比上面的柜子宽出一截,底柜空间一分为二,面板上的空间可以置物,面板下的柜体则用于储物。销售网点的货架上展示的产品总是不多,展示一个款式的一个型号就可,柜台下则要分门别类,各种型号都要安排好位置,随用随取,需要的空间自然就大,这是柜台设计的基本要求。

当下人看这个不好理解,其实如果站在我儿时或再以前的人来看,这是商铺临时存放货物的常规做法。时代就是如此更替,现在的出库入库已经由机器人来完成,物流仓库代替原来的货柜,种类也是成千上万倍的丰富,这确实是我儿时想也不敢想的事。百货市场的消失就是因为被物流所击败,对于未来同样可以期待,就是怕你不敢想,想到的其实后来看看,都能实现。

柜台再往下则是已经油腻得发黑的地面。敢肯定一点的是,瓷砖并非原始的地面,瓷砖拼接的缝隙不够严密,柜台与瓷砖巨大的缝隙露在外面,暴露了这里地面是两种材质,而那柜底是什么,只能猜测了。曾经的装修可没有现在这么精细,这些缝隙都是可以接受的瑕疵。

图 5-21 老式柜台

油腻的部分则是时光中一点点杂物的累积，但没有油腻的部分，也不是代表干净，只是因为人来人往，脚下不停走动的结果，正所谓"流水不腐户枢不蠹"，一个道理，但是却保留出这水磨石地面的痕迹，尤其是磨损之后的感觉。

　　那时水磨石地面的特点是尺寸偏小，多为400mm×400mm，由小作坊式工厂生产，因为工艺简单，需求也算大，小加工厂不少。但这东西一直在发展，且不停在改进。水磨石是将碎石、玻璃、石英石等骨料拌入水泥里，由水泥完成粘接制成，凝固后表面再经表面抛光，最终形成砖块，其实与土坯加工工艺上也没有什么实质性的区别，区别在于材质，尤其是黏接剂（水泥）的变化，而最终的打磨则让这种产品有了光泽。

　　之后的二十几年中，水磨石的规格变化愈加大，发展为今天的萤石、人造大理石等。尺寸的更替更是以大为美，从21世纪头十年的600mm×600mm又到21世纪第二个十年的800mm×800mm，今天则更加发展到1200mm×800mm，让地面的缝隙越来越少，弥补着人工无法掩盖的缝隙。而随着材质和打磨工艺的提升，整体的观感越来越好，电视中的那些广告，让人联想滑冰的样子，或这就是一种对于光滑感的诱导。

　　飞速的建材变化，让这最原始的水磨石地面慢慢被人遗忘，也很少再能见到，这里看到，如同穿越时空，发现文物。有些东西并不随时间改变，有些东西则早已消失，还有些东西却犹抱琵琶半遮面，等你去发掘。但你如果仔细去想，其实富有内涵的东西，一直也不会变化，而只有使用功能的东西却拉也拉不住。还是要去做那些能够沉淀的事，被人的脚底抹画出来，也是古香古色，是生活该有的老去样子，不要做那些流行的事物，因为并非所有的流行都会往复，其实很多的流行是被淘汰的，再也不见。

十八　角度不佳

　　吊顶的检修口（图5-22）出现在平房中其实是罕见的，但我确实也无

图 5-22 吊顶检修口

法准确了解内部的构造。从屋外看这个单层的书店高度还可以，在一众尖顶的民房中，平顶的公建不显得出类拔萃，却有真实的内部空间高度，所以设有吊顶，虽不常见却相对合理。

  我弄不明白这里的吊顶是如何施工完成的，我们现在采用的吊顶是把每一块吊顶板材固定在龙骨上即可，常规检修口构造雷同，只是模样不同。这里则是与顶一平，原本以为就是一块加强版的纸糊顶棚，但看到石膏线，心里建立的概念又变模糊。既然能有石膏线，那不就是石膏的顶棚？但无法解释：整块的石膏吊顶如何支撑，因为石膏吊顶很沉重，只能认为吊顶里面有我看不到的吊钩，我曾经介绍过纸糊顶棚中的羊眼挂钩（带圆眼的螺钉，拧在木制结构上，另一端连接软质绳体），或许这里也是如此。至于此构造是否能够满足承重要求，我认为对于不上人且没有管线敷设要求的吊顶来说是可以的。四周的石膏线，本身也可以起到部分支撑的作用，只好如此理解，如果不对，那只能等待它未来的损毁再拆解。

井格形式的窗棂多见，但井格形式的吊顶检修孔确实罕见，至少我仅仅见过这么一处。这是一种独特的装饰形式，应属于20世纪五六十年代人独特的一种审美。由于窗棂构造复杂，现代房屋中不再多见。而窗棂却被更多用在中式风格建筑中，如隔断、屏风等，营造建筑内部陈设的东方之美。

所以这一抬头的所见还是让我感到惊讶，毕竟从某种角度来说，对于这样一处十分普通的房屋，体现出建造者对房屋装饰的一点认真，这对于建筑而言很重要。与我曾经看到的民居一样，能够打动我的，往往是那些曾经被认真对待后来被遗忘的"点"。因为它们的存在，留存下工匠想要表达的想法，这是建筑与人交汇的核心内容。

这个检修口具体的工艺则很像窗棂的做法，设有外框，卡入顶棚，且是卡槽式，方便拆卸及检修。内部则是细木条阴阳角的榫卯对接，看样子应该是成品，那个时代尚有这种专门加工窗棂的作坊或工厂。但对接部分仍需手工完成，这正好是一个手工艺开始衰退的阶段，手工艺的流失也是从这个时候开始。

完全看不出来底部所衬的是纸还是塑料，灰扑扑、油腻腻，但肯定是能够通风的。于是我又想到了外面的铁皮烟囱，难道这个检修口是为了检修烟囱？随后对照前图，发现烟囱从窗户的位置就通到了室外，与吊顶并无关联。吊顶检修口的用途仍不清楚，但作为建筑的工艺细节，确实真实存在，也曾经比较普遍，只是儿时只顾着看好吃的、好玩的，不会抬头去看这些建筑细节，成长总是让我们遗忘一些东西，又重新认识另外一些东西。

十九　斜的门推手

图5-23中门上的合页是专属于公共建筑的型号，深刻留存于我的儿时记忆。我的顽童时代曾干过顺手牵羊的事，后来发现我骨子里并非是多恶

图 5-23 老式公建大门的细节

的人，也就改邪归正，但作为曾经顺走的东西，对于这种合页仍然会留有印象。

这种户外合页与户内合页最大的区别就是会有外侧的凸出圆柱，合页卧入剔槽的木质门框内，这凸出的部分，可理解为有美观的作用。但走了很多地方之后，我发现似乎并不完全如此。较大的门扇，尤其是公共建筑上的门扇，合页尺寸会更大，轴的部分会愈加粗壮，与之要匹配，则合页宽度会长于门板的厚度，这样合页边就会直达门外框，因而不美观，所以其外设的明柱也就解释得通了，既是美观，也是通长合页该有的收口做法。

那些年被我偷走的柱头，就是拧在上面的小圆球，这个门上的小圆球同样被人拧走，这是设计上的缺陷，完全没有考虑过被人拧走的可能。而实际上这个物件一般等不到交工就不翼而飞，多数被我们这样的小孩子拧走。它并没有用处，是真正意义上的装饰构件，要不然怎会在不存在的情况下就能完成验收。其实可以做成一体的，或干脆不留这个构件。产品设计师如此坚持了十几年，想法是好的，结果差强人意。

孩子们拿走它也没有什么用处，只是那时玩具少，所有圆圆的物体或几何体对儿童都有一种吸引力，这可能也是积木一直都是最传统玩具的主要原因。孩童时代的恶作剧还是因为物质的匮乏，只是不知不觉中做了坏事。被我偷拿走小圆球的建筑碰巧是后来我初中的实验楼，每每去做实验，进门的时候我会多看一眼，那空空的柱头生着铁锈，遗憾和悔恨使我不敢说出来，这件事作为秘密一直在心中留存。期待着能有时间再回去看到，慢慢地，除了恶作剧的罪恶感，它也成了保有记忆的一种物件。建筑是特有的一种存储器，因为你与它共同的特别经历让你铭记一生，有时会遗忘，但一旦睹物忆事，记忆会随时被唤醒。

门大了，门的受力需要更加合理和均匀，普通把手就显得不够用。所以老式公共建筑的门推手，多是像图5-23中的斜式安装，推力会均匀地压在门中心的受力点，比现在设于中间内侧的垂直立柱式受力更加均匀，且省力，很合理。

不得不说这正是一个以圆球为美的阶段，斜推手的两端也是圆球形状的卡件，金属管插入只有一个口的圆球内，有一定的余量可以挪动，球体外形就是余量的范围，螺钉紧固前，铁管利用松动正好插入另外一端的球体，螺钉紧固后，铁管就固定在里面。

很多建筑细节都不像榫卯那样严丝合缝，一拉即紧。更多的建筑工艺均是留有余量，需要用点力气，先完成两个物件的对插，再之后不管是螺钉还是锤击，都需要再次彻底地固定。这是一个不好进更不好出的过程，所以相对的余量尺度不仅是建筑科学，更是建筑哲学。一点不留余量无法完成衔接插入，余量太大则会在未来的使用中散架，所以这个度很重要。

显然我不是在简单阐述建筑的联结，这种原理对人类社会关系也适用，在有余量、有点困难的前提下完成联结是事物的最佳状态，是为了未来不要轻易垮塌。我常对儿子说，年少时吃三年的苦是可以顶上未来三十年的苦，这一说法并非没有道理。年少时吃苦的耐受性显然强于成年后，这就像建筑就是固定前稍微用力的拉扯要比建筑完成后再去修改容易得多。这些可以克服困难的一小步，是建立高楼大厦的一大步，在人类社会里，儿时曾忍耐的困苦，则是最扎实的生存基础。

二十　猫之收尾

其实我对猫狗等小动物无感，也不讨厌。在路边看到它们，它们也懒得理我，甚至都不躲。有时候我会觉得小动物也能一眼看出来这人怂，真是没办法。

再后来我的两本关于民居的书，编辑小张老师都在封面设计中选用了有小猫的图片，看得出来，她对小动物有感情，我并没有说什么，我在意的是建筑与人的关系，而她可能看重的是建筑与小动物的关系。其实这两个出发点是相同的，两者合起来，才能使建筑与生物的关系更完整。

说来也巧，因为这些小动物无惧我的存在，也就不在意我的随意拍照，配上小猫的建筑照片显然更加有生机。我于是理解了编辑老师的感觉，算是这七八年里从她那里学到的技巧，她一再吐槽老白的摄影技术拙劣，老白却也实在难以改变这个不争的事实，有些进步总还是好的。

言归正传，图5-24这里说的是猫身后的外门防护，在岭南建筑中叫"趟栊门"。也见过北京四合院包着铁皮的"看叶"，却总会有你没有见过的新样式出现。这种外门防护，与我们后来的铁艺护栏，有点相似，但显然更加合理。窗上的铁艺护栏看起来就不自由，和监狱的栏杆总有些相似，但这个外门防护式样就感觉舒坦许多。

这里铁艺网格装在门的下板，主要是为了防止门被踢坏。那个时候书店里人总是很多，每天进出的读者会偶然踢到门板，人多了，门也受不了，所以这个防护用在门下板很合理。现在书店人流量减少，也就不存在书店门被踢坏的担忧，这种防护也就多余了。当年的人头攒动，如今的冷冷清清，这之间，只是隔了一个少年到中年的我，有点唏嘘。

那时塑料胀塞还不普遍，用烧过的铁棍钻眼，再用蛮力把大一号的螺栓趁热拧入，依靠摩擦力紧固扇叶上下方的扁铁。螺栓往往也不会完全拧入，多留有剩余的螺纹在外，恰到好处，其实并不碍事，四角固定，也规规整整。

时光对建筑外皮的雕刻分为几种，风化磨损使墙体失去棱角是一种，风化后的油皮脱落则是另外一种。图5-24中开裂的油漆皮使建筑构件失去保护，油漆皮会快速瓦解，但在某一个时间节点，这种衰退会突然减慢。渐渐地，尘土弥合了开裂的伤口，封堵缝隙，减缓了老化。建筑于是保持着衰老的样子，像极了中年的人生，过了某一个阶段，人变得不那么脆弱，相对稳定，但是皱纹却不会消失，仍然留在脸上。

图 5-24 老式大门内护板

第六章

重庆大学
——战火铸就建筑的不朽

时光的穿梭,唤起了沉淀的思想。

一 建筑与朋友

自从写了几本书,尤其是关于民居的书,感觉似乎出版过书的人,会被人另眼看待,从某种角度找到文化人的存在感。疫情还没有开始的那两年,总有朋友邀请我去当地游玩,名义上是为看看他们的老建筑。

对于这些邀请我也不会拒绝,就当游玩了,心里也愿意,但不会占他人便宜,懂得世界上没有免费的午餐,我的费用要自己负担。可是这些朋友总是客气,有些时候热情得无法拒绝。他们十分诚恳,说只是希望我未来有机会把这些老屋记录下来,为他们家乡的文化留存做点贡献。我竟不知该如何拒绝了,却也发现自己竟然有了一些价值,被一些人认可。用自己的视角去记录这个国家曾经的建筑,显然不是我一个人的事,而是一群人的热情与期待。

虽然后来这些朋友还是渐行渐远,山水的阻隔终究让我们难以再次聚首,也就此中断联系。但是对于那些老房子,我还是把它们揣进了怀里,又放到了书中,这是一个文人、一个建筑从业者应有的责任心,更是对于朋友嘱托的应有回应。岁月静好,因我们曾共赏日月;人生缘散,因我们心愿已了,其实也好(图6-1)。

图 6-1 重庆的盆莲

二 仅有的湖北建筑

那年去重庆之前先去了湖北，朋友带我走了宜昌，这座小城因三峡而闻名，这里的老城区拆迁后几乎看不到什么老建筑，仅存的部分有些支离破碎，但还是留有片段。

图6-2中二层最左侧那黑漆漆的砖头栅栏窗，是此行的全部收获，木制的门窗很多，但用砖头横竖堆叠砌筑成一扇整窗的情况却不多。又不同于《消失的民居记忆Ⅱ》中上海的石窗，那种石窗是预制装饰件，建造时卡在墙里即可。

这里则是从窗底开始立砖，水平方向端头砖在砌筑的时候就留出半截，顶在下侧的立砖上，再支撑上方的另一块立砖，同时探出一块水平砖，中间是被架起来的，上下都是竖砖，却不受力。立砖则通过平砖，完

图 6-2 宜昌的老窗

成水平方向的定位，重力通过上下的垂直立砖，逐层传递，直至传递到窗底，形成井字格。这黑漆漆的砖砌窗，则自成一体，为砌筑型砖窗。

湖北是个冬季很阴冷的地方，那顽强的个性与建筑的冷清形成了鲜明对比，竟然让我有了崇敬的感觉，却不知这份崇敬由何而来。生活的感动就是如此，被建筑引导，在目光的接触中，触动了心弦。

从那些油腻的窗洞可以看出窗后面是厨房，没有排烟系统，直排油烟倒也简单实用。窗的作用与排烟道的作用兼具，只是观感不佳，市井味浓重。从门口晾晒的衣服也可知房屋仍在使用。南方建筑的灰瓦和墙上的墨色印迹多有了文化气，而这里的油烟黑泥则有了浓郁的生活气。

三　界限

此行的下一站是重庆，朋友两口子都很热情，虽然不能同行，但还是介绍了他们的同学给我，才有了重庆大学之旅。回看，偶然总是必然的一个节点。他们是过客，他们的同学亦是过客，但在一本书中，他们却并不是过客，是一个环节到另一个环节的必要的衔接。

虽然走过清华、北大等老式高校，而我自己的母校沈阳建筑大学同样历史悠久，建筑脱落的墙皮后面总能透露出历史的痕迹，露出曾经的标语印记。但我在重庆大学的游走，才是最专业的建筑观摩，带着思考，印象最为深刻。

在重庆大学老校区，最有名的两栋建筑工学院及理学院，均建造于20世纪30年代，风格迥异。

工学楼（图6-3）为石砌建筑，在重庆大轰炸中顶部受损，但外墙体大多得以保存，内部采用杉木搭梁，用于支撑内隔墙、楼梯、地板，后文再述。从照片中可以清晰地看出新老部分的界定，也能看出工艺上的时代变化，上方重新砌筑的部分颜色明显发白。这或是石头材质本身的问题，或是建造时期不同而形成色差，部分颜色发黑的痕迹，则被推测为战争的遗迹，或是轰炸所致，或是曾遭火焚。

图 6-3 工学楼的新门界线

需要注意一点,老旧的石材上面剔凿的痕迹十分明显,为斜45°,但都存在于边沿的局部,中间凸出部分近乎平整。这里给出了石材加工的一种方式。使用錾子开一个小口,里面插上橛子,然后用锤砸击,一锤不行两锤,逐渐更换位置,从四周剔凿后,中心的凸出部分,砰的一声,自然脱落,形成一个较为平整的面,但因为整体上有凹有凸,所以形成的外立面效果为"蘑菇石"造型。

现在的墙面砖,模仿这种样式的非常多,是人工合成的薄片型建材,但要区别墙面砖和真石材其实很简单,看剔凿的痕迹是否真实存在。

重新砌筑的部分与原先砌筑的部分虽然都是石材,但样式有明显的区别,上部重新修补的石材剔凿不够充分,面不够平整。而剔槽的一致性也变差,这是由于加工工艺有所变化,或是石材本身有了变化,如硬度更高。

四 再见白灰

从另外一个角度看工学楼(图6-4),可以确认另外一件事,那就是在1935年砌筑的时候,采用的粘接剂并非水泥,而是白灰,这从砖体之间显现出来的白色线条可以得出。

而外面又曾经用水泥勾缝,这并不是同一个时期发生的事,水泥勾缝更晚,装饰意味浓重,也更容易脱落,脱落之后,暴露出白灰,雨水冲刷下,白灰逐步流失,结构性能并不会发生变化,但保温性能会有所退化。

顶砖的四面都有剔凿的痕迹,但中间一个大的平面则相对平整,一下让我觉得此前认为凿出整个平面的看法有些武断了,那些四周的剔凿或许并非为了在某一受力点砸出一大块平面。因为即便我说的原理正确,显然也没有必要剔凿整整一圈。

重新思考,这只是为了让每一块砖的接缝处都尺寸一致,方便整体收口才进行的准确剔凿。这时候我恍然大悟,之前的猜测是错误的,加工工艺就是如此,表面其实没有刻意要求。

图 6-4　再见白灰

这也是我的文字不敢以建筑技法为主的原因，对于古人，我们了解得太少，所站的角度又自以为是且充满现代视角，得出的结论武断而经不起推敲，很容易误导读者。

五　窗的遗漏

这栋建筑可以作为在残址上重建的难得案例，清晰而外露，实属罕见，从这个角度（图6-5）也可以看出来新旧之间的界限，不过这界限却不是墙体，而是上下的窗户。

最初我先看到的是下方的窗户，这个窗上的过梁是一整块大石头，扁圆拱造型，两端各出45°削角，墙体端头对应另外的45°对角，相互挤

图 6-5 窗的遗漏

压，形成拱券。我最初是好奇这大石头如何成型，毕竟有弧度的石料难以准确进行形状的塑造，不过看着过梁的立面，虽然缺乏明确的几何造型，居然也能让人明白造型的意味，可见建筑大局观的重要性，上升到生活哲学，亦同。

中间一个大包的凸起，向两侧拓展，对称形成为四个较小的凸起，虽然模糊，但不觉得哪里观感不对，反而意味清晰。自然天成的颜值要高于人工刻意加工的美丽，从人到建筑都是一个道理。既然外部可以如此不规整，贴临窗户的交接部分，可能同样不平整，在内部进行找齐、填充之类的处理，没有难度。

正在这时，我突然发现上方的窗户可不是这样的，上下的两个窗户一眼望去，其实看不出什么变化，但细看差别可大了，把原始和重塑的区别展示得一览无遗。上窗拱形的过梁，同样石质，显然规整太多，几个石头外凸造型规整，像是定制产品，标准且发白，时间更近，更像是对下方过梁的一种造型解释。

窗户原先的样子很顺眼，现在的样子虽然也顺眼，但显然造作了许多，没有了特点。这是工匠技艺退化的一种表现，显而易见，工匠缺乏了对于建筑材料信手拈来的熟练，过于追求程式化，反而不自信，效果不佳。

建筑手艺的高低，其实是分为三种层次，第一种看似散乱，实际也散乱，是建筑师缺乏基础能力的表现；第二种看似整齐，但缺乏创造力，是一种模仿的阶段；第三种是看似散乱，但实际上表达行云流水，不觉有违和感，这是真的高手。显然这两个窗户处于第二种和第三种的层次，至于谁是谁，一目了然。

六 田字密码

偶见砖上有田字造型的剔凿痕迹（图6-6），这是我最终也没有搞清楚的难题，说是找平吧，不对，明显不在一个平面；说是一种标记吧，是

图 6-6　田字密码

有可能的，但又没有规律，唯一能看出来的规律，是剔凿痕迹均在石条的中部，也就如此了，猜想或许与内部结构有一定关联。看得出来，应该是最初建筑时的标记痕迹，如同建筑的文字图腾，只有建造者知晓其中密码。

关于这里的高窗与如今民居的窗户样式差别很大，更偏西式的技法。为什么要说偏呢，是因为西式窗外带遮风百叶窗，这里没有了百叶，用在公共建筑中倒是合理，无须太多隐私。

窗框为不对称十字分隔，上部偏小，下部偏大，符合力学美学原理，避免头重脚轻之感。窗扇均朝外开，合页清晰可见，这点并不算理想，对于抵抗潮湿腐蚀，相对不利。内扇均仅设横档，没有竖档，这个有特点，以前没见过，上方窗扇设一横档，分为两部分，下方窗扇设三横档，分为四部分。也可以对比后面理学楼的窗户，可见在后来应用中，更为普遍的做法是窗扇内再加十字分隔，两栋楼窗设计风格明显不同。

内部隐约可见铁条的内护窗，为防盗所用，与现在护栏设于外部的情况对比，其实更加合理，首先是美观，不影响外部的观感，其次有利于防腐，毕竟外面风吹雨淋铁条易锈蚀。建筑细节不仅是为美观，更多时候也是为了建筑寿命而进行的考虑。建筑师需要有大局观的同时，也不能遗漏重要的细节，这是建筑师的难为之处。

低窗则显得很低，而此处的外护窗十分明显，或因适用场所不同。工学楼本身从外部看是4层楼，资料显示却是3层，在我看来，三层半的设计更加合理一些，最下层就是这外护窗的楼层。楼层高度感觉较低，从窗户的标高看，应该算是半地下、半地上的一层。从功能角度看，当年应该并不是主要的教学场所，视觉功能其次，防盗功能的威慑作用更为重要。

其得以闻名的却恰好是这外护窗，当年设计师颇为用心，从护窗的制式来看就看出端倪。铸铁形式，上端铸有"重庆大学"四个字，下端则是英文FOUNDED IN 1935（始建于1935年），可见建筑师是学成归来，用西式的建筑思路完成了这栋教学楼的设计，用中文与西文两种文字进行示意，以表达这所大学面向世界。

不清楚这铁窗是否为原物，但用护窗来纪念建筑物的建成，我是第一次见。曾经在老上海的弄堂中，也有同样时代的类似表达，那是把砖镌刻在门头，用构筑物来纪念建筑时间的案例。这里采用了铁艺，或是建筑师的一种大胆创意，或是当时另外一种常规做法，只是后来难以留存而少见。

能被纪念的人不算太多，除了少数如我这样的爱好者偶尔关注，多数建筑师终将慢慢被人淡忘。能被人记住的人，也分为三种，一种是当代被记住，如一些俗人；一种是被百年内记住，是有建树的人才，如这位建筑师刁泰乾；还有一种人，是被永世记住，虽不能说得太过，但千年后还是被学习的卓越人才，如李白、哥白尼、托尔斯泰、爱因斯坦等。但不管怎么说，能开心地去做自己喜欢的事，就很不容易，能有一个拿得出手的成绩，其实更难。所以说人生苦旅，并不算太过，能够苦中作乐的人，方是懂得生活的真相。不争不抢，随着内心，不成熟的时候，就冲动做事，不生自己的气；成熟的时候，就理性做事，不遗憾过去的错误。过好当下，简单一生，有收获，就品品；没有收获，就看看，做个观众，也不错。

七　精致长廊

内部的走道（图6-7）极具欧式建筑的风格，是19世纪末世界的主流设计风格，长甬道，在另一端头设置第二个疏散出口，满足了安全的需要。

门也与窗的风格一致，上部曲顶，内设十字分隔，有了一点教堂的意味，远观有庄重感，内饰的井字铁条同样起到防盗作用，有主有次，美观且安全。

前文介绍了该建筑是石砌建筑，内部采用的杉木条构建，笔者持怀疑态度去审视。在外凸的柱脚中露出了端倪，常见的钢筋混凝土结构柱距是8~9米，这就是一个基本设计原则，而这里柱距明显小于8米，也就是说，这些柱子还是采用石材，只是刮了腻子，刷了白，分辨不出。

尤其柱间的月梁，更暴露了这一点，石头月梁与中式古建的月梁完全

图 6-7 工学楼内廊

不是一回事，却可以参考外窗上的过梁，如出一辙。廊上月梁与门上月梁一并压在柱顶，是西式拱券结构的典型做法，其为花瓣拱的式样，柱顶起花瓣（月梁），分别至门顶及走道顶的另一端。

柱上的壁灯显然是现代的灯具，但是灯具位置是最初设计的。在欧式建筑体系中，壁灯的安装高度比我们现在的常规做法略低，老式壁灯成年人翘脚就可以摸到，而现在的壁灯则必须要踩上高凳才可。我想这是一种进步吧，那时电气刚刚出现，设置时对人员的安全考虑不多，尤其对于孩子的好奇误碰考虑不够，触电事故频发。故这100年中，电气安全确实被越发重视，当然实际问题也变得更多，不得不考虑得更加周到，这是电气行业发展太快，设备太多、装修材料太多导致隐患增多的大背景。

嵌入式廊灯则更像是现在的产物，加之上部嵌入安装的广播，可猜测这顶部大概率存有吊顶。这栋石砌建筑的层高不低，布置吊顶并非没有可能，但因为月梁的存在，制约了上部空间的使用价值，可能会出现阻挡，管路无法通过。以我的经验，我会采用在楼板内或上层楼板内暗埋管路的方式，这样就与梁不发生冲突，而梁间的区域采用浅浅的吊顶，设备线盒置于其内，能够覆盖住设备的高度即可。既尽量提升了走道的高度，也完成了设备的安装。当然了，这些都是隐蔽工程，只能凭借经验予以推断。

走道的高度对于走道的效果有很大影响，长走道下，净高越低，越感觉压抑，这种感觉对于我是刻骨铭心的，我职业生涯中的败笔之一就是失误在标高上。

那还是20年前，我以电气设计师的身份去做项目负责人，电气专业是小专业，对于建筑和结构的把控能力不强，我也没想到会在标高上会出问题。直到钢梁加工、安装完毕，才发现标高整整低了10cm。其实这只是一个单层建筑，原定的净高为2.6m，已经很局促，如果再低10cm，对于宽阔的平层办公空间来说，显得瞬间低了许多，而夹在中间的走道本来阴暗，现在则成了昝兀，可以说惨不忍睹。

我还记得那个负责基建的领导开朗有趣，像是个长辈，大家配合得一直很好，他也没有想到最后能捅出这么大的篓子。最终验收他脸色铁青，一言不发。之后每次路过那房子，我心里都充满愧意，那是我心里的擦不掉的污渍。

那时候我才21岁，但年轻不是犯错的借口，从这事我得到的教训：净高对于走道的影响是致命的。而我后来再也不敢去做项目负责人，建筑师所站的，是一个总指挥的位置，那些大局观不强的人，或是辅助专业的人，很难把控全局，年轻人的成长，代价巨大，但我还是感谢生命于我的宽容。

八 花窗与木楼梯

一层入口（图6-8）是本建筑的亮点，可以看出设计师在这里煞费苦心，实际的表达效果也确实宏伟。我的第一感觉居然是竖琴伫立，肃穆庄重，这感觉的出现却是因为木质楼梯的设置，栏杆被我误以为琴弦，踏步则被我错认为了琴键（钢琴）。

楼梯的第一跑，梯跑较少，角度较大，有些突兀，但十分有效地扩大了前室的面积，这对于学校来说极为重要。这栋工学楼顶部以六角形桁架撑起，受限于结构形式，前厅并不是很大，这是由于石砌建筑的跨度越大，代价越大，成本也越高。在有限的条件下营造出尽量大的空间，是性价比高的一种体现。与后文（后记）的楼梯对比，这是典型的一进两上楼梯，更是利用建筑独特外形的巧妙运用。

在楼梯上杉木结构终于显现出来，且一出场就是中西合璧的经典式样，如果说石砌建筑的冰冷质感明显，那么加入木质结构的楼梯，且采用了深棕色系，让学校的人文关怀的感觉一下子展现出来。

视觉对比度最为明显的是背后的高窗，与教堂的背景窗相似度极高，也验证着西式建筑的技法。西式建筑中，石砌、拱券在普通功能的建筑中都应用普遍，而教堂背景窗受制于功能性，在非教堂建筑中并不多见。所以用在此处，是一种大胆的尝试。虽然图案脱离了宗教故事的范畴，但色系和花样的表达模式上，仍然保留鲜艳、曲边、半透明的特点。

整栋楼为L造型，门口在夹角处，这背景窗开向天际，面向嘉陵江，

图 6-8　工学楼门厅入口

日出江花红胜火，在光线下窗户瞬间绚丽，来往的师生置身于光影之中，教育的崇高境界通过建筑瞬间表达出来。这是建筑师高明之处，也是整个建筑最亮的点。

九 工学楼的标准形象

讲了这么多，才露出了标志性的门头（图6-9），确实了解一栋楼，由内向外、由细节到全局的顺序更合理。你对一栋建筑的细节有了认识，如同你对一个人的品行和性格有了认识，再去看她的外表，这时就不会再陷入以貌取人的误区。

建筑师在门厅处挑高了三层之多，也就出现了门楼侧面连续的三个楼窗，却又不是三层的高度，装饰的意味浓重。正面暗藏了"工学院"的阴刻楼名，最顶部则是重庆大学的阴刻校名，表达学校为上，系名为下的主次顺序。于其间，有圆窗格外引人注目，其实本来可以平淡无奇地设置一个方窗，但显然建筑师的想法十分合理，选择了不同的处理手法，突出名字之处，采用了方圆的对比，更容易吸引目光，分出主次。

圆窗显然经过翻新，颜色可证，以我的理解：最初的圆窗内部不应该是空洞，或有内窗，或是一层网面。这里能够想到的是电影《雨果》，生活在大本钟后面的那个孩子，通过一层纱网看着世界的变化，而外面的人反而看不到他。这是一种视觉的效果，内部黑暗、狭小、有遮挡，不容易被外界看到，而外界有光线，人更易现身于视野之下，这是两种不同的状态。人与建筑同理，灰暗中的人，存在于背后、阴暗、高处，而阳光下的人，则普通、简单、光明，但也快乐。

最下方的门洞入口是典型的大拱券门楼，这里拱券的曲度很大，在近现代的西式建筑中不算多见，在这本书中多处提到的拱券门楼多为平缓的弧度。

关于屋面我是有些疑惑的，从重庆大轰炸时的原始照片可以看出，原先的屋面为坡面，内部为木制桁架结构，被摧毁多次的是砖木结构的屋面

图6-9 工学楼入口

与部分石头砌体。但从今天的仰视角度来看,已经无法直接看到坡屋面及边沿挂瓦的痕迹。

现在的檐口处能看到的是两层石板,按"压七露三"做出了石头的屋檐,因角度问题,不能看到是否上覆瓦片。用实景地图查看,是一片灰色,隐约有线角存在,能断定不为平顶,且屋顶的坡面不会太大。因为看不到瓦片,可以认为屋面部分曾有过改变形式的翻新改造,但这不是我去考察的问题,就算留一个问题给读者现场解惑吧。

十 理学院侧面

说完工学楼,其实比工学楼更早一点的是理学楼,工学楼是1935年竣工,理学楼则是1933年完工。邓颖超、郭沫若、黄炎培、邹韬奋、马寅初、于右任等著名人士都曾在理学楼做过演讲,这栋楼的建筑留存感不如其历史留存感强。

不得不说,这是可看到砖砌建筑与石砌建筑的强度的天然对比,工学楼在重庆大轰炸中多次被炸,但基础结构体系得以保留。而对于理学楼的情况,我能查到的资料寥寥,并没有资料明确介绍大轰炸期间其所受的破坏,但从修缮现状(图6-10)来看,会发现外表层的砖砌结构更新一些,该是新中国成立以后的作品。

按说一个校区内的建筑风格应该是接近的,但显然在重庆大学更凸显了建筑师的个人魅力,各建筑设计思路不同。这时期正处于东方工匠与西方建筑师交替的阶段,为数不多的游学归来的建筑师,完成了中国最早期的现代建筑,时至今日这些建筑已存在100年左右,如不是经历战乱,它们的保存状态应更好。

两位设计师均采用了东西方结合的设计理念,思路却又完全不同。前段时间我与一友开玩笑说:你我都是又理性、又感性的人,只是我理性的部分,你恰恰感性,而我感性的部分,你又理性,用在建筑这里,也比较贴切。

图 6-10 理学院侧面

工学楼是外洋内中，外部的结构及样式为欧式建筑风格，内部的楼梯框架、楼板又采用了中式杉木的梁柱结构。而理学楼正好相反，外部的结构明显为中式的抬梁结构（仅是外形），重檐歇山形式（两层屋檐）。歇山式是指前后两道垂脊与山墙顶交叉出三角形（图6-10），用在民用建筑中其实不多，更多见于故宫等宫殿类建筑。

理学楼是早期的混凝土结构，抬梁结构的柱为混凝土柱，这一点从柱外的光泽感可确定。因为模板平整，水泥柱普遍为具有更加标准的圆形截面，尺寸一致，很好确认。外侧刷漆，与水泥柱的融合性不佳，时间长了柱会起漆皮。反观木质的梁柱尺寸很难标准一致，细微的差别难以掩藏，但相互渗透性要好很多，刷的也多不是油漆，而变成了桐油。

十一　理学院正面

图6-11为理学院正面部分，其实我好奇的是这对狮子是不是原物，它们看着有年头。抬头看这门楼面熟啊，满满的中式建筑的元素。建筑的各个脊吻（屋脊的两端造型）都采用了中式古建最常见的"鸱尾"，鸱字太难念，科普一下读音为"chī"。简练说就是一种瑞兽的尾巴，在宫殿建筑中应用得十分普遍，寓意潜龙入海（屋）。

再下一点，就显示出了歇山的做法，就是那白色的小三角，非常小，因为门头的垂脊就很短。其实在整体建筑的两翼凸出部，歇山做法展现得明显且清晰，但这幅照片中看不到。

而中式翘角之上，于三层坡面上起了老虎窗，这又是西式建筑的特点。从乌瓦上起老虎窗，在《消失的民居记忆Ⅱ》的海派建筑有过介绍，其实可以验证设计师具备很深的海外与本土建筑结合的设计理念，这种做法并不少见，在20世纪初的建筑中，从公建到民居，均有应用。

海派的老虎窗，是有面子也有空间的一种折中做法。因为开窗的位置多是夹层，且顶部倾斜，其室内空间去掉屋架部分，在高处尚可站立，低处多只能弯腰，使用价值并不大。但加了老虎窗就不同了，中式建筑的屋

图 6-11 理学院正面

脊往往与老虎窗垂直设置，屋顶棱角分明，层次感明显，是这一百年来经典的屋面复杂造型，但却给人平添尊贵的意味。

老虎窗对建筑空间拓展及采光效果提升也有明显作用，老虎窗所在空间本是无用的空间，比较矮小，有了光线照射，无用空间一下变成了有用空间。且窗户外挑，实际挑高的空间变多了，也让夹层或阁楼有了居住和生活的条件，给点阳光就灿烂，多数就是指的这种居住效果。

顶部的塔楼是理学院整体的建筑制高点，同时也是建筑师在本工程中的点睛之笔，类似于工学楼的门厅。理学院与文字斋（见后）均为一排，面对嘉陵江。我查了一些资料，关于屋顶上的灯塔没有查到任何记录，类似形式的双层脊宝塔，在学校建筑中其实并不算多见，更多设置在寺庙里，以灯塔的形式出现，建于最高端。我大胆猜想一下设计师的本意：对面是江，空旷无垠（20世纪30年代），江中渔民看到灯塔心中稍感慰藉，灯塔有照耀前方，也有指明方向的意味。

而于建筑本身，这边一众老虎窗，算上屋脊，也算是错落繁杂，却无重点。这里来个灯塔着重点缀，让整个立面，以它为旗左右展开，形成对称之美，可以认为是整个学校的标志性建筑中的标志性点位。

十二　理学楼回廊

资料介绍整个理学楼造型为工字形，此处并不算妥帖，整个建筑物面朝嘉陵江，实际上更像是我们十年前常说的点式住宅，是房地产最火热时候那种一个框筒向四面八方伸展的住宅样式。如果一定用个字来表达，"山"字造型或更加合适。图6-12就是山字的第一个凹型回廊，山字的中间一竖就是照片中右侧的直通柱部分，估计那里是高大空间，如内部礼堂之类。

中国传统建筑的做法是檐板由下方檐椽固定，这里显然用了现代做法。混凝土柱上设侧肋，肋端向上固定檐条，目测这檐条应为金属或水泥构件。中式建筑上部多顶着飞椽或是高一点的砖（前文有介绍），或是用

图 6-12　理学楼回廊

瓦叠加起来，作用都是一样的，在檐头的部分，把瓦顶起，使其不易自然滑落，同时为了加强这种固定效果，使用了白灰做封堵。

《消失的民居记忆Ⅱ》中对素灰勾头里白灰的介绍仅提及有防虫、辟邪、美观之类的作用，其固定黏结性其实没有介绍过，只是因为那些屋面坡度不大。而理学院的这个案例，有了岭南建筑高挑的翘角飞檐的感觉。屋面陡峭，让我对于素灰勾头的理解豁然开朗，不管是哪一种结构，在檐口部处微垫起，再用白灰封口，都可以有效地固定住斜面上的滴水瓦片，以防瓦片坠落。

而那屋顶的小草绿色动人，证明了生命力的顽强。小草来自于有生命力的土壤，那下方不会全是白灰。白灰仅是在端头及末尾采用，能长草的部分下方该有些许泥土的成分。

我用了三本书才把一个勾头的所有用途介绍清楚，其实也是我自我学习的过程，如果曾经有错那就让它错去吧，如果读者能够跟随我十年的认知一并前行，那我想终会有收获，不仅是建筑上的内容而且是哲学上的观点。

十三　文字斋回廊

图6-13为重庆大学文字斋，想必在这里结束这一段行程是合理的，这是老重庆大学最经典的三栋建筑之一。朋友的同学很耐心地给我们讲解完重庆大学，我一再说请人家吃个饭但被谢绝了。这个年龄不大的女孩子是一位在读博士，她使我深刻了解一个学校，甚至超过了我对自己学习生活许久的大学的了解。人和景都很对位，可能这就是历史所赋予建筑的那种气质吧。有故事的建筑总是让人感觉格外亲切，这样的建筑自带主角光环。

文字斋与理学楼建筑相同，风格如出一辙，说是工字造型更合适。我们从图中看到的位置就是工字的那一竖。由于是单层建筑，不需要承重太多，所以并未再设置混凝土立柱，截取了工字形外形的抄手游廊部分，把

图 6-13　文字斋回廊

这里柱子的不同之处予以展示。

这里标准的校园式园林,让人想起北大的"觉醒年代"的五四学子。游廊在建筑中的意义可从人文与实用两个角度予以理解:从实用的角度理解就是遮雨,无须多说;从人文的角度理解,会多一点情怀。若是下雨,你就是晴天,这话用于比喻连廊并不为过,遮风挡雨,却又可以风情万种。

木挂落参见《消失的民居记忆Ⅱ》,为通长型,如仅在一角称花牙子,均为雀替的一类。这里的游廊有木挂落,它们是柱间的装饰构件,此处可以同"牛腿"进行对比了,作用与区别一目了然。

这里就是差了一排围廊该有的木质廊椅,因为我总是觉得坐在廊椅一端看书的男子或女子是最温柔深沉的主人公,这是学校应该有的一种氛围。虽然手机时代我们沉迷于数字信息,我依然认为纸质的书籍厚重,是作者的思想精华,总会有其留存下去的价值。所以任何一个春暖花开、飞叶漫天、池塘月色的桥段,廊下的读书人都不该消失。

十四　多年前遇到的柱础石

固定木质立柱多采用柱础石,俗称磉盘。通过木柱传递上方重力,磉盘可以理解为柱的基础,同时也有防潮、防护、预防塌陷的作用。文字斋回廊(图6-13)采用的是立式柱础,甚至设了腰线,比较讲究,但也还是普通类型。文至此处,如果不能将柱础石的特点介绍清楚,我想也再没机会描述这个节点的美了。凝神片刻,思绪被吹到许久之前的内蒙古家乡,当时的偶然,现在看来,显然是一种必然——可以让我不留遗憾,可做对比介绍。

这里我专门补充了两张我在内蒙古家乡草原拍的照片,对比介绍。这里是遗址,却有一处十分完整且形态原始的一个柱础石(图6-14)。曾在新闻中看到有人因偷柱础石被抓。同是柱础石,放在这里无人问津,作为文物就不同了。

图 6-14　内蒙古的柱础石

这是在荒漠之中发现的,荒芜的房屋只剩了基础,像两个方框一样(图6-15),却还在被摧毁。疾风劲草的状态被照片十分准确地展现,显示出居住环境的恶劣,人去物不存,另外也验证着时代的变化,人需要更好的居住环境。

柱础石内部明显发白,那是曾经用过白灰的痕迹。白灰应该是柱与柱础的黏结剂,被柱子长期用力碾压,颜色如刻进了石头里,再大的风雨也无法再次去除。这是构件在建筑生命中的基因突变,一经发生,就不会再恢复原来的模样。

我很怕被世界改变,反复的压力会让某些影响刻入人的思想永远擦不掉,这是一种可怕的事。也许当时我还不懂是非,也许当时我还不知道什么该坚持,被过早地定型有些悲哀。所以对于儿子的教育我慢慢变得随意,不那么说教与强调对错。他是什么材料,在长大之前,其实父母很难看得出来,不确定性太强。我们的自以为是,只是因为我们自己的失败。

图6-15 内蒙古的房屋遗迹

第七章

龙岩之光
——一个新的起点

那些没有结束的故事,不要轻易说再见,人生总是在路上。

一 停留

龙岩之旅始于农田里,有雨,但又打不湿身体,更像是一种情绪的酝酿,在铺垫之后,慢慢展开,让你感触建筑背后的人文特质与区域性格。尚未接触,就肃然起敬,用一种缓慢、认真、轻柔的态度,走走停停,触摸着,回忆着。

作为一年两季的田地,夏季会是稻田,春季则是荷塘。我到的季节,荷塘已残,蓑笠翁在水田里插秧,他们并不抬头,习惯了这里的喧闹,与我们似乎是两个世界。其实也是,塘里与路上景色截然不同,农人悠闲,游人匆忙。

对面就是古田会议的旧址,房屋背后是浓密的森林,屋前则是细致的草地。突出的独栋建筑,显示着它的气势和独特,它曾是私塾,恰同学少年,该是人生中最留恋的一道光,一种美丽,一种停留,却转眼而逝。

荷叶间停留的小鸟(图7-1),抓不住荷叶的茎,却又无须依附,它只是去啄食杆上的粉色蜗牛卵,倏忽间的停顿就够了。我用了一个瞬间来

图7-1 落鸟

捕捉,似乎要用我的一生来等待下一个动作。它和我的时间就都凝固在这个片段之中。记忆的意义就在于此吧,如果有人愿意阅读,看到的终究是自己与他人的记忆,太多被遗忘,剩下的模糊又迷离。

二　保护学校

"保护学校,红军写"的白色痕迹(图7-2)虽然有些淡了,但不影响清晰识别内容,这是建筑与文字的特别关联,因为浸润,可以成为一体,所以特别。

几十年后人们路过这里,站得越远,模糊的东西越是清晰,近处反而缺乏了边际感。人间俗事也如建筑上的文字,能够留存下来的内容多需要远观,需要时间沉淀,需要一种合适的材质。白灰水如粉刷在瓷砖上,

图 7-2　留存

第二天就会被风雨冲刷干净；若描绘于白墙之上，会无痕，这浪费了功夫；但在南方的乌墙砖瓦上，则相互成就，渗透于材质内，百年存留并不奇怪。

文字的内容或更易被人记下，百年树人，教育的重要性在这一百年中已被验证，风风雨雨，波折前进，国家由羸弱到慢慢有了自己的振兴之力，人才终究是越来越多，由点慢慢成了面。保护学校并非一句空谈，回顾我的童年，彼时文盲还很多，不少人从旧社会中来，不认字的人多，认识字会被人高看，但现在不识字则是罕见，如果是年轻人会被问个缘由。虽然大家对于各种文化越来越有争议，各有看法，却侧面验证了文化水平的提高，不同观点来自于不同文化的基础，但前提是有了文化。

把一种观念与时间、建筑黏合在了一起，其实不多。回看这句标语，是建筑有形，也有意，能够让百年前的信念留存于今。

三　一种窄门

这只有600mm宽的门洞（图7-3）在古田会议天井的内侧，曾经的居室功能仍可见。吸引我的是这门宽是少见的，南方人瘦，但门窄如此，道理却是说不过去，是特意？还是一种常规做法？问了当地人，也不清楚。

两种门作用不同，左门的门套内还有挡板，从高度看显然用于防止鸡鸭跳入。南北方均有这种构造的门；右门则只有门板，没有挡板。两门的对比，让我大约有了一点思路，最初的作用就是仓储或是养殖场所，只是后来房屋的功能发生了变化。当然居住只是临时用途，从曾经的痕迹中尚可看出此功能。从另外一点看，外部的门框其实已经比较狭窄，内部门套就显得更加不成比例，有很宽的套边，且与门槛成为一体，那么仓储之类的作用还说得过去。

门上设门闩，加锁。只是这门闩也根据使用需求设置，可见那高度差了许多。门闩并非只是为了防盗，也可以防动物溜走，故更主要的作用是控制门扇，这在左门及右门的门闩对比中一目了然，左侧的门闩那么低，无险可守，就是固定门板而已，这颠覆我一直以来对于门闩作用的基本理解。所以即便一栋朴实的老房子，内含的技法秘密也太多，一个细节，就是一处原因，一个答案，即便这答案已经没有了意义，但作为曾经存在的秘密，记录下来也是对于建筑的尊重。

图 7-3　窄门

四　圆窗的做法

同行的人已经向前，路过这一处貌似戏台的建筑（图7-4），大家都没有停留，我被队伍落在后面，却像发现了瑰宝一样，抓紧时间，从前到后，拍了又拍。曾经在蔚县的时候，也拍过不少戏台，但在南方，我见得并不多，这老屋保存得好也是有原因的，角上标有：新四军阅兵处，同行的人错过显然有点可惜。

而这老屋最初确为一座戏楼，非民宅，窗户造型也有了些许变化，为圆形窗户，不刻板，更易吸引目光。而下侧镂空夹层为典型吊脚楼的做法，我在《消失的民居记忆》中介绍过湖南的吊脚楼，依坡而建，设有地梁地柱。圆梁的另外一端抵住坡，或架在墙上，房正，地平即可，其下空间可仓储可养殖。

时光很快，十几年前湖南的吊脚楼影像就像还在昨天，那个年轻人却已经步入中年。建筑的衰老比我想象的缓慢许多，曾经的担忧想来该是被建筑耻笑的。不过也能看出来建筑的善意，它们与一个愚者认真交流，我本意是记录建筑，十几年后再回看，其实是自己成长，让人唏嘘。

木板墙上开的圆窗（图7-5）我以前会认为是定型产品，外方内圆窗扇嵌入木墙，仔细看时才发现这居然是一种拼接的技法，老式商业建筑的门板按块插入，有顺序，这里的圆窗同样，但分为四块定制的墙板，圆形的部分镂空，按顺序对接后，形成圆形窗户的外形。

木板内凿有弧度孔洞，有一定的宽度，保持立杆不折断，这并不容易完成，显然没有当今的模具成型。前文介绍过，对于木头的深入镂刻，只有"刻骨铭心"，采用火筷子烧红，靠温度开洞，从放大的细节图看，四周黝黑，高温灼烤的迹象明显。

所有的刻画或是雕琢，都是一种近乎摧毁的爱，从人到建筑无一例外。火大了，真的会烧毁，但没有高温，又无法成型，火候很重要。"入木三分"在这里很贴切，把中式文化在建筑中的刻画说得清晰透彻。

图 7-4　戏台正面的样子

图 7-5　圆窗

五 墙体的再次总结

关于墙体的砌筑,在《消失的民居记忆》和《消失的民居记忆Ⅱ》中累述多次,前文井冈山也有介绍。除了结构部分,墙体总是最值得说道的点,也是我最喜爱的部分,不仅仅是因为上面可涂可画,如我儿时记忆的老房,上面留下"小""大""二"等字迹,拆除后,仍在我心,会在我老年痴呆后,定格为记忆的背景图。

所以每每看到精致的墙体,总是愿意再看看,再写写,哪怕真的有些如出一辙了,但换个角度,仍然让人心动。如这里,侧视的效果。延展开,那端有光,似未来,这一端是我行程的结束侧,未来再见与不见,其实都意义不大,故事会一直承载在建筑之中,没有真相,只有你观察问题的角度,如这墙体,角度变了,气质就又变了。

井冈山所见的墙体是一种砌法,这里则是另外一种(图7-6),同样常见:两顺一丁,循环往复,面砖朝外是指砖的最大一面朝外,两顺则有了变化,是指两排砖顺着躺平,但又不完全一致,交错着1/4,为的是在墙角能够拉结。剩余的一丁也不同,比较少见,丁头单独成一排,这种砌

图7-6 墙体的总结

法显然别致得多，也会比较厚实，不再是徽派建筑的中空砌法，这是一种全填充的墙体砌筑方式。

不多介绍，其实看过许多建筑，你会发现，中式建筑有大同，更有小异，完全是工匠自己的一种手法习惯，形成的却是数不完的墙体砌筑形式。我介绍了那么多的墙体，居然没有完全相同的样式，这是令我惊讶的、但也是令我开心的部分，不拘一格才能出人才。

六　瓦当的轮回

几年前，在《消失的民居记忆》中，曾经因为影壁的五福（蝠）临门而被人关注，那是介绍影壁中的蝙蝠图案，其实在另外一个建筑节点也会常遇到蝙蝠图案，那就是如图7-7所示的瓦当，位置作用一目了然。

蝙蝠在民间有祈福的寓意，因此被人关注，又因为生活习性特殊及容貌丑陋被人嫌弃，争议一直不断，但在建筑中的寓意是善意和宽容的。如影壁上的五福临门的图案，中间一只蝙蝠，四面还有四只，借用了数字的

图 7-7　再见蝙蝠

相同及谐音的美好；而在这里（图7-7），瓦当上的蝙蝠同样显眼，寓意相似，但更加形象。蝙蝠多倒挂于屋梁等处，所以用在瓦当上，成排、头向下，是种形似。

而蝙蝠作为民间的一种神兽，能够应用于建筑中，估计还是因其以老鼠为食的习性。在农耕时代，也就有了保平安和丰收的意味，可见蝙蝠能被农业社会的建筑体系应用，有祈福的寓意。民间建筑的元素，无时无刻不以真实的生活情景为背景，记录对美好生活的向往，这么想，你就会发现老房其实很温暖。

七 终于见到壮观的牛腿

在井冈山一文中介绍的那只牛腿，当时觉得比较典型。不可否认，我的几本书中，并没有介绍过太经典的牛腿类型，而所谓经典，就是指一定要宏伟，这是牛腿构件的核心要素。

看檐枋的演变过程就明白为什么这么说，因为檐枋外挑的承重需求，才出现了"撑拱"，撑拱也是斗拱的一种模式。其外形在演变中增加雕饰，复杂之后的样子就成了牛腿，牛腿具备了"撑拱"的作用，又比撑拱更加美观，而又因为美观，牛腿被看得更重，缓慢演变，美观的作用大于了结构作用，就有了雀替。雀替还有一点力学作用，可以理解为什么牛腿更多与建筑梁方向一致，而雀替多与梁垂直了，皆因雀替不再以受力为主，或也还可以认为牛腿也还算是雀替的一种。随着进一步发展，后来出现了单纯美观作用的挂落和花牙子，越来越细致，也越来越单薄。

而这经典照片也在书籍的末端出现。曾经介绍过的牛腿，多数模糊、单薄，且图案不够复杂，而民间常见的故事形态，最典型就表达于牛腿之处，所以多费点口舌，未来也无须再述。附图第一组（图7-8）：和合二仙，是中国民间信奉的神仙之一，木雕中可见下端人物持荷花，上端人物捧有盖圆盒，寓意为婚姻和睦。附图第二组（图7-9）：持有如意的财神木雕造型，人物目视远方，惟妙惟肖，寓意不言而喻。此外各种吉祥元素也可拆解，如所乘麒麟为龙之九子，如意为权贵的化身，松柏代表延年益寿，祥云代表平步青云，甚至一个细节就是麒麟脚下的金蟾，都是匹配而来，寓意财富。

图 7-8　和合二仙

图 7-9 财神上班

八 失神的门头

在长汀导游老师是一位当地技校的老师,懂得很多,与这座唐朝就存在的老城气质很搭。给我们介绍完景点之后,他会显示出一点知识分子的清高,会问我们一些问题,如果大家无语,他才会解答。他显得有些孤独,一个人走在前面,带我们去古街,在桥头就遇到了前面的牛腿风雨亭。

我对于游玩没有什么兴趣,看到这牛腿走却挪不动脚步,边拍照边向他表达自己的惊讶之情,其他人渐行渐远,没有想到的是,他一下来了劲头,两个陌生人之间的距离拉近了。

他说:"走,我带你看几个民居,都是老式的。"于是两人脱离队伍,来到了照片中(图7-10)的这老宅。他说:"猜猜上面的字",我说"紫气东来吧。"比较常规的猜测。他说对了一点,最后一个字确实是来,但第三字确实不是"东",细看左右结构,确实不是,那就不好猜测

图 7-10 失神的门头

了,他也没有告诉我正确的答案,只是径直带我进去看。

讲究些的民居都会有门头,门头上会有浮雕示意家训,而这里被除去的四个字很难猜,至于当年为什么会被剔除,我其实更好奇,但又觉得不便多问。过往的事太复杂,人们留存下来的记忆,又总是添油加醋,也不好说孰对孰错。

但能够识别的文字还是让这"失明"的门头不那么落寞,手书的红色对联,让人惊艳,灵动圆润的风格可看出书者性格开朗,且不说这字写得真好,时下能够手写对联的人又能有几个。所以看到那"福"字,水平了得,心生嫉妒,老白自己也写字,但年龄不够,结构也不到位,这是阅历与天赋的集合。不要小看好与好的差别,其实真的差别就是好与好之间才能对比,好与差对于内行来说,并不存在可比性,往往一笑而过,多不予置评。

寓意则同样深厚,能看到右侧上两个字:"厚德",左侧上两字:"载福",其下不用再看了,其寓意为"厚德载福",表示泽被众生、关爱弱者的一种文化,这其实也是中式文化的核心价值观,想必也是这家人的家风门训。

九　镂空格栅

这所大院也是三进,门楼部分与北京四合院的差别不大,空间不大,门楼两侧围廊绕过大门对面的照壁,那影板同样是折叠屏风门,只是并不镂空。

二进则与北方不同了,体现了南方的文化特点,这里是过厅,也是大堂,虽然面积并不一定最大,但有实顶,牌位立在供桌上面,上方挂着些黑白或是彩色的照片,显然都是故人,这些内容我从不拍照,不打扰故人的清净,所以这部分有时总介绍不到位。只好留意周边的物件,却刚好看到了这二进厅堂的屏风门(图7-11),镂空精致,不多见。

正在这时,一个身影突然出现在右侧过道,显然我挡了人家,是一个

图 7-11 镂空格栅

个头很低的老太太,慢慢悠悠经过。老师一边打招呼:阿婆好,一边给我介绍:"这是屋主人,她九十多岁了"。阿婆虽然人老,却很精神,我正好向她问起这老屋的过去,也提及这门板精致、十分难得。而她对于价值显然没有任何感觉。这很正常，如果你把一生都与一栋建筑共生共长，你是觉不出那些老去东西的价值变化，人会越来越没用，物品则未必。

她只是和我说这屋是她公公的产业，他是做生意的，曾经生意兴隆，后面的话我听不大清楚，她再没有多说，我也没多问。她继续往前走了，不知道要做什么。通过年龄的叠加，我大约猜测到了这老屋至少有百年的历史，建筑是人延续的生活，人是建筑存在的理由。

我与她说的门板的难得，是指这门板的镂空技法，其实时下这种类型并不少见，在仿古的建筑中十分普遍，而我惊讶的是，这种技法出现在普通民房里，且保护得如此完好，实属难得。门板的组成不再介绍，中间的"绦板"上为梅花造型，采用浮雕刻法，上方大幅的"隔心"造型为浪花，对称出现，寓意福如东海。与曾经北京的格栅门相比，显然更加精彩和细致，采用了镂空的技法，细部也有了细碎的花纹，显出了立体感。最下方我没有拍全，但不难确认，应是鱼尾造型，有鳞片，有水有鱼，寓意年年有余。

十 侧墙

在写这一部分的时候，我痛恨于自己的记忆力，实在想不起来这侧墙（图7-12）是二进门的侧面，还是跨过二进门、三进门的前厅侧墙。本来是想胡编一下，却发现所有胡编的东西，总会在后面对不上，即便我在文中能够凑合，未来读者也会在某一个点发现破绽。干脆我承认自己的失误，实话实说，心里坦然，建筑坦然，这确实是一面侧墙，精巧也经典。

月梁间的纹饰清楚，也没有了受力的痕迹，可以认为是挂落的一种形式，只是未出现在游廊或古代床榻的四周顶边，但说是雀替似乎差距更大。

去除这些装饰效果，结构形态就比较清晰了，这里并非标准的五架梁造型，因为五架梁中间的柱子很多时候并不存在，直接由两端的柱子承载梁，这里比很多典型的五架梁建筑更加直白。五架梁如其名，进深方向有

图 7-12 侧墙

五根柱,或直接或间接与梁进行联结,第二、三、四柱之间为主梁,即"五架梁"。探出外檐侧的梁连在了第一、二柱及第四、五柱间,称为"抱头梁",下方平行设有"穿插枋",形成矩形插接,更抗拉。当然,五架梁下方也有枋条,但图中梁枋叠加,可见为高度不同,已成为一体。

五架梁的上方会有三架梁,三架梁如果是水平一根,那就普通,我也不会赘述。这里少见地采用了两段"轩梁"(与月梁类似),与外侧的抱头梁保持对应,但三架梁整体比随梁枋要高那么一点,我认为仅是美观效果。

月梁上再起驼峰柱,用以支撑顶部的檩条,故五柱顶部至少会有七道檩条,那多出的两道檩条就是驼峰柱支撑的部位。

因为墙体的存在,我无法断定这些柱梁的厚度。所以当三架梁的上方居然还有一层梁架时,即中柱与两侧驼峰柱穿插的部分,我概念上是模糊的,可以理解为三架梁的"随梁枋",但枋多设于梁下部,这里在上面,有些不妥，故也可以称为另外一种"荷包梁"，装饰及拉结作用明显。与花纹相配，让人记忆深刻，脱离美观，我只能说从功能角度是为加强局部的稳定性。

十一　挑钩

对图中的过厅同样记忆有些模糊，是设于二厅前还是三厅前也回忆不起来，仍像被人偷去了记忆。照片的好处是可以回看，去发现其中的遗漏，但照片的缺陷也明显，过于片段化，没有连续的视角，如有视频就简单许多，不会如此烧脑。曾经以为留下影像就是记录，显然我思路太固定，用视频要更好，这么看来，这本书除了未来或信手翻来，或做一个摆设，都成了一种结束的意味，有些讽刺，但又有点堂吉诃德的孤勇，但不能再继续了。这个快速发展的时代，消失和告别，都那么来不及，总是如此匆匆，所以不要不开心，因为来不及不开心。开心呢，则要肆意，因为不知道哪一会，笑着笑着，就哭了。

因为没有办法界定位置，只好单独描述牌匾，但牌匾和门头一样，也被人抹去，一样无从说起，户主人很惋惜：牌匾已经丢失很久，只有桃形钩还在（图7-13）。名如其样，一端插入栏板，另外一端，桃形钩的外表与水平呈45°，向后躺着，用着腰力去顶着牌匾，桃形的接触面积大，摩擦力也大，两个桃形钩，就是四个接触点，足够用来固定牌匾。

栏板两侧则是回廊上的月梁，月梁的特点是上拱，其实叫法也比较多，种类也多，站在现代人的角度来理解，月梁的称呼就算是最明了的。荷包梁是另外一种弯曲梁，会更像是扇形，但都是一种原理，利用弯曲，让其下方使用空间增大；另一方面展现其美观；再一方面向上提供弯力，比平面受力更加科学。

我在行程中发现，南方的大宅，多有月梁的应用，更能体现南方的阴柔美感，这在北方的民居中其实并不算多。但北京卷曲的屋面却不少，也是曲面，可以联想到那些卷曲的出处也该是引用，且来自南方。

图 7-13　挑钩

十二　垂花柱的不完美

垂花柱我以前介绍得也比较多，北京的比较粗犷，湖南的比较瘦削，要说合适的尺寸呢？也就是眼前这一个了，当然同样也觉得比较经典，才拿来复述。

月梁设于回廊的上方，其上的装饰性雀替已经装饰到了廊顶，封得严实，廊上即便没有办法封上的木板空间，也都采用了菱形孔洞的栏板，做了遮挡，几乎是严丝合缝，把廊道的细节，考虑得认真严谨。那时屋主人均是为世世代代居住做考虑，所以才会在意所有的细节，选用最好的材料，用尽全力，当然，只是想，世间事总是事与愿违，如诗中所说：世事一场大梦，人生几度秋凉。

有点逆光的照片中，除了凌乱的电线，垂花柱边上缺失的一块檐口是明显的破损，折断的部分白灰裸露，缺口赫然。从砖的铺设角度分析，该是压在檐口处的一块砖坠落了，留下创口。从白灰的密实程度分析，则并非自然脱落，而为外力打落。破损的檐口对比隔壁幸存的部分，可以猜测檐口造型曾为圆形。

垂花柱却没有一并破坏，但因为少了一块，变得特别明显（图7-14）。垂花柱，如其名，就是把花垂于柱下，莲花花托在最下方，围绕着八角台柱，有的时候会直接表达为花，这里则采用了浮雕的花形，雕刻于台柱各侧，最下方小台收底，如宫灯，没有其光亮，却胜其秀美。作为转角的结构支撑件，这种表达方式，该是中式建筑的独特之处，与斗拱的向上翘角，这里是向下延伸的一种对应，一上一下，对称起来，涵盖中式建筑的文化的小构件精髓。

图 7-14　垂花柱

十三　没有了美人的美人靠

眼前的这厅过于漂亮，让我瞬间忘记了前面的一切。这是第三进的厅，上方是天井，地下水槽，南派建筑的核心理念，聚水为财，正前方则是设有二层的第三进之厅堂。

虽然现在的照明灯具有些不伦不类，但看着凌乱陈设，显然也不再是一家人居住。两位六十几岁的男人与我争论这二层是不是后加建的，也怪我多嘴，夸奖之余，有些自以为是，认为这顶板太新，层高也偏低，有后增设的嫌疑，显然他们不高兴了，两人用我听不大习惯的南方普通话，表明这都是原物。

导游老师出面圆场，我也急忙说自己认知不够，不敢再摆专家的样子，谦虚了许多，却没有勇气再提出上楼，草草离开，有些遗憾。整个民居系列书的不足之处，对于生活状态的刻画往往不足，或是不便于打扰旁人的安静生活，或是对于居者的隐私心存忌惮，每每都选择了退缩，借口而已。其实既是建筑本身剩余的荣光威严，也是我本质的卑微怯懦，视角总会浅浅且旁观，缺乏主角的氛围。不过也罢，木质的楼板和楼梯，定是咯吱咯吱，体重大，给人家踩坏了也说不好。

这里主要看美人靠（图7-15），视角向上也对，琴腰的围栏当是重点，故被称为美人靠，当然也需要靠美人才符合情调匹配，只是可惜，时代的变迁，当下确实不再看到，年轻人怎会此时有此闲情。倒是一只板鸭赫然悬挂于空，属于岭南的特有食品，格外瞩目。

背后的万字形栏板成了底衬，相得益彰，有雅有俗，剩下的衣服杂乱没有特色，也看得出来：家境渐渐平淡，市井气息浓重起来，没有了往日的肃穆庄重，也该没有了大家长的制约。

匆匆出来，我与老师已经与大队伍彻底失联，正要追赶，老师还不忘再问我一句，门头的字想出来没有？我实在挠头，面有难色，他才和我说："云气朝来"，这么一说，清晰明了，确实如此，并不是成语，所以难以猜到，"朝来"，其实更加合理，因为此门面朝西街，用东并不合适，"云气"是代表盎然，寓意上进，让我顿感清新一阵。

图 7-15 美人靠

十四 骑楼的总结

带我追赶大部队,其实并不是导游老师的职责,只是因为对民居的探寻,让两人关系一下走得近了许多,其实一小时前就是两个陌生人,现在则很亲切,一直帮我找到大伙。在路上,他还是不忘记专程带我走了另外的一条路,街道的特点,让我眼前又是一亮,这不就是骑楼建筑嘛。同样曾经我也有过介绍,也同样,不如这里的全面和典型,造物弄人,在最后把所有的建筑形态又给我重来了一次,且更好,这是善待我?还是善待读者?我说不清楚。建筑中的因缘巧合让一个唯物主义的人,有了一点默契于命运的意味,不管如何了,像是安排,其实写到这里,尚不知道本书能不能出版,但对于指引,如果不能出版,我只能认为它还不够建筑要求的深度和意念,仍需继续努力,配不上建筑的道行。

回家后，还是给这位老师邮寄了民居书籍，虽然人生匆匆，谁与谁都是过客，但相交的部分，如果可以珍惜，那依然是对于建筑的一种安慰，毕竟那曾经是一种交集的载体。每每这种时候，我会心头想起一位因建筑结交的故友，也不知道她现在如何，虽然远离，但建筑痕迹会长存，怎能轻易忘怀。

骑楼顾名思义，就是骑着的楼，骑着什么呢？就是道路嘛，因为总下雨，与北方不同，需要有个长期使用的雨棚，因此，骑楼就诞生了，这种结构多出现在降雨较多的南方。又因为家家户户都凸出这么一截，尺寸如果相同，就变成了一种通行的廊道。在这之前，我曾经以为这些廊道是统一建造的，看完长汀的骑楼街道，才发现是独门独户，各自设置，最后连成通廊，如果连不成，其实也并非不可，只是有点难为自己，也难为别人的意思。

把上面三种形态的骑楼放在一起，我只是想代表不同的文化交融，有拱券的骑楼（图7-18），显然是海外舶来，客家文化在此地集大成，因海外打拼是常态，会用汇票在家乡建造房子，我以前介绍围屋居多，但骑楼也有，类型自然就有了西洋建筑的影子。而另外一种木条外皮的骑楼（图7-17），则来自于内地，最初我见到是在湖南，长沙的街头，那木板都裂开了，不好维护，却让我看到了里面的砖墙，恍然大悟，也让我记住了大致结构：木包墙。最后一种是局部木板的骑楼（图7-16），看起来年头最久。前几日台风来袭，有帖子说为什么要把窗户贴成米字，我也偷偷跟着看了一眼，哦，原来是防止玻璃碎了不扎伤人，如此啊！我曾介绍的大连建筑中也有过类似场景，对于这里，可想必然也是近海的房屋，玻璃窗设于高处，风大易伤人，有道理。把窗户直接设成米字的形式，则仅存在过去了，或是地震高发区，现在的双层玻璃强度高了许多，如仅是风雨，再无须设置。

不过所有骑楼的瓢子都是一个样子，从砖柱可以看出，是砖砌建筑，外观略显简单，尤其一层二层交接之处，像是一个高箱的基础，有一层高，真正建筑却从二层开始，似乎也不结实，当然肯定是错觉，百年的建筑，事实证明坚固，原因我却说不出来。

图 7-16 半木半砖骑楼

图 7-17　全木骑楼

图 7-18　西式风格骑楼

外侧木板的用处，我从湖南、湖北、上海一直到这里，都没有找到准确的答案，装饰性毋庸置疑，又也许是山区吊脚楼的文化沿袭，故意仿制那种木质形态，为文化的延续传承；也有可能是节能的要求，作为冬天隔寒，夏天隔热的外保温层，这些理由都说得过去，那就都当存在吧。

十五　被遗忘的土楼

在龙岩最为有名的就是永定土楼，也是世界文化遗产，我曾经介绍过的围屋，只能算是它的小兄弟，实质结构相似，宏伟程度不在一个级别。走了很多年，终于遇到最经典的部分，予以收官，恰到好处。

面对振成楼那红红火火热闹的场景，我已经一点没有兴趣。有一种建筑属性,是老宅,也有人住,但居住者却不是当年的人,这是对于建筑的另外一种破坏,并非有人存在,就能够恢复民居的生气,这种白天上班,晚上下班的居住方式,或是白天收费,晚间关门的方式,都已经不算是有人情味的老宅。但我不觉得悲哀和遗憾,因为这个过程并不可避免,那些年轻人离开,是一种发展的必须,居住条件的改善,安全环境的提升,主动愿意住土楼,那是不现实也是不合理的,我们没有必要扼腕痛惜,这是事实。

但作为民居记录者,我看重一栋建筑、一种民居在生命末端,展示出来的秘密,留下的那些临终遗言,这些更加重要,所以我不怕残破,怕的是无法展现出它真实的衰老。所以大家热火朝天地在振成楼拍照,我偷偷溜走了,距离它不过几百米的庆云楼(图7-19),破烂不堪,却是我要去的地方。

庆云楼我也查了下资料,曾经为谢家四兄弟建造,后来离家打工者渐盛,流失人口众多,却没有能看到归来光宗耀祖的人,慢慢偌大的土楼,

图 7-19 庆云楼

变成了如今空旷破落的模样，但这栋五层的土楼才是真的土楼经典，因为它有土楼的恢宏，这其实是作为世界文化遗产的核心要素。

门口的几位大婶无视我的进出，看得出她们住在这里，习惯了人来人往，都是游客，却没有客，只有游。等我进来才发现，门口那没剩的这几个人，就是全部了，这人均居住面积估计有几千平方米，让我感到惊讶，她们既是最后的保安，也是最后的记忆者。里面空空如也，像是盗墓笔记，但又是大白天的荒凉，夜间的样子，该是凄风冷雨，吱呀作响。

十六　恢宏

五层的土楼并不多见，即便振成楼也没有如此恢宏的规模（图7-20），它们的不同之处是，振成楼交由政府整体开发，庆云楼则一直有人居住，没有成为旅游资源。区别还是明显的，那些大姐最多在门口卖点笋，挣点旅游产业边缘的零花钱。我其实是想帮她们一点生意的，而我当时嫌沉，说等等，不成想，这是一条环线，错过后，就再没有回来。南方的村落依水而建，所以过了桥是另外一条路，如果不想看到重复的建筑，多不会原路返回。

当年建造的人定想人丁越来越多，所以建了好多的屋，显然后来并没有如他愿，但这种恢宏至少在曾经一个时点达到过顶峰，之后慢慢地衰落，只怪时代发展太快，想法实在跟不上变化。

一层则以饲养为主，窗、门都是细条隔扇（图7-21），并不宽的门，却让我恍然大悟，那些古田会议旧址的门，与这是一样的啊，看来当时的猜测无误，即仓储饲养之用。这里防止鸡鸭跃出的门栅也有，不同之处是其后面的门也设置了，两者兼有则是一种完善。无意中却让我对上海的门套也有了最终的答案，城里本不该有如此的习惯，只是来自故乡而已，曾经在黄浦江边养鸡鸭，这谁说得准。

二层以上则是居住的房间，很多房间没有了门，显而易见，年久失修，这么大面积的维护，给一个专业的酒店公司处理或还可以，仅存几户

图 7-20　五层的土楼

图 7-21　首层禽舍

人家，就只能就此放弃，而我也没有了勇气上楼探访，木质楼板，年久失修，比较危险。就此落灰吧，尘土再次弹起时，估计会是木板的坠落，多少有些遗憾，但并不重要了，理性一点，生活和建筑都一样，曾经多美，终究要离去，那些奔跑的孩童身影，消失在廊道的尽头，一去不回。

土楼最大特点是逐层向内延伸，伸出檐梁，搭木板，出墙面，其上生梁柱，撑起上层的廊板，廊板的作用是两方面的，一是下层的雨棚，二是上层的地面，一举两得。从结构来说，上层为不稳定构造，有向内倾倒的趋势，则计算很重要，每层核心的受力点要放在下层的柱上。而几层搭建成型后，整体受力点又要在剖面的中轴线上，这一点是土楼真正的建造难点，能够成为世界文化遗产，就是来自如此庞大的土木结构要实现这种建筑理念，其实难度要大于石砌建筑。

十七　梁柱结构的总结

从大门进来，眼光所及之处看到孤零零立着一座亭台，这与其余土楼不大一样，庆云楼的场地空旷许多，视线尽头凸显出一座庙宇，也是群体开会的主席台。其实其余土楼也有，只是大堂没有如此空旷，以振成楼为例，它以戏台形式出现，与主体建筑联结在一起，更加紧凑。所以庆云楼的舞台又稍显特别，大气中用恢宏的孤立，透出了家规的凛然。

凛然的感觉，体现于这罕见的配色，这种红色，从红色的木质，一直渗透到了墙体，甚至是下午的光线之中，让人费解，不清楚如何造成不褪色的红，且让人内心崇敬，也有些畏然。

配以精致的木质构造，多了几分曾经的神秘感，这个地区所有的斗拱如出一辙，精致的作品比比皆是，但又与整体的土楼外形粗犷风格不一致，这是我对于土楼建筑最不解的一点，内心复杂结构，外面简约轮廓。

客家也好，徽派也好，都验证着风格交融，可见这山区曾经的繁华和流通，这让我震惊，大山并没有隔断与外界的关联，反而让建筑的痕迹延绵了数千年，那导游老师，所言不虚，这是一部活的历史，用了建筑的载体。我的行程到此结束,是有原因,却也是必然。

土楼中的斗拱技艺就是最后值得收尾部分,图7-22中柱子上分别横插七架梁、五架梁及三架梁,对比前文的梁架墙内暗设,这是另外一种,却也有更直接的视觉答案,这里没有中柱,七架梁上生座斗,座斗造型奇特,像是蜘蛛,也像是酒杯,各层梁间均设,拱上生檩,依次五架梁及三架梁。三架梁最高处采用驼峰柱,支撑柁檩,梁檩架交接处的外侧又设上撑月梁,从位置来看,月梁其实应不主受力,因罕见于民居中,雕饰复杂,更多该为美观和收口的作用。图7-23中则仅是介绍一个节点,既华拱退台的做法,是砖柱上起梁,上生座斗,再逐步外挑,多层拱,虽专业名字都各异,普通观众都认为是华拱即可,端朝内,设于进深处,同样撑起檩条。图7-24中柱上外生檩条,对于抱头梁(上)和穿插枋(下)这里予以总结,各本书都有介绍,这里的特别之处是抱头梁与七架梁为同一道梁,贯通于柱内,用于撑起檐口。下设檐枋,坊间设有座拱,深向外面,满足外挑较长檐口的需要,故下多为门廊。

图 7-22　驼峰梁

图 7-23　座斗

图 7-24　红色的梁枋

十八　似曾相识的外墙

时光让我回到了《消失的民居记忆》中的粤北大围，当年那三合土风化的碎屑，风中撩过了大地，吹过了时光，承载了十年记忆，甚至还多，但这里的样子还是那么一样（图7-25）。大块卵石所筑的基础，上方筑土的围墙，技法如同一辙。分层夯筑，中间夹竹篾，如此说，是因为所有交接处都会留有痕迹，从人与人，到土与土，因质地不同难以融合，终究流于外表，那印记依然透露出经纬之间。

而流失的部分，成了竖向的壕沟，深深的裂缝，突兀地显露在外墙上，是房屋开始衰老的一种征兆，尤其常见于夯土建筑。裂痕的形成，总有一定的原因，或说总有一些薄弱点，同样还是从人与人，到土与土，薄

图 7-25　土楼外墙

弱点都是最先开始裂开的位置，如那没有过梁的窗台，然后从上方向下一点点蔓延，直至到了基础，再由外通透于内，蔓延至建筑全身，最后坍塌。

十九　透露出来的一点信息

行走中，步入行程末端的一间土楼，只是因旁边一间妈祖庙吟唱不断，音响声巨大，香烟缭绕，才无奈躲入，立刻静谧许多，抬头望，此楼并不如之前的那些宏伟。同行的同事，忙着去买酒，看似现在这是一间酒铺，而我没有喝酒的兴趣，只能坐在石凳上赏花，案板上竖立的菜刀，表明了这户人家市井味尚重，三层的房间并不算多，合围起来，这庭院有二百多平方米，倒也方便收拾。

又让我想起来庆云楼的恢宏，凡事太大均有利有弊，并非越大越好，合适的规划当是最为合理。心有多大世界就有多大，这话说得很好，但少有人去反向理解这句话，自己的世界如果就那么大，心也不能太大，要不然追不到，过得太累，如同中年人疲累之后的自我忏悔。在本书行程的末端出现，预示着从理解到觉悟真的需要时间，有时候时间还不够，还需要天分，而你可能并没有，世界也就不需要那么大了，小小的世界同样会精彩，因人而异，不需比较，快乐是属于自己的。

坐在庭院，回顾门头，慢下脚步，却看到了眼前的这两堵墙（图7-26）。土楼内部结构除了上文的梁柱结构，原来也存在土木结构的转化，层板处挑出的板，同时是分隔之用，与竹篾相似，只是分层意味更加浓重，上下皆为筑土的土墙，挑板是一种隔开，同时也是一种联结。事物的两面性同时出现于一个物件中，会发现生活的本质就是取舍与平衡，你却不能只留下自己喜欢的部分，但换个角度理解，生活就会快乐更多。

筑土墙的隔声效果远比木制墙板好，抗振动能力则要稍弱，但在整体网状木质结构中，加入了部分的土墙，对整体的结构并不会产生太大影响，但对于整体的固定效果却很明显，像是一种起点锚定，也是一种轴的

图 7-26　土木转换

意味。这种插入,实际效果是把夯土的外墙与木质网状的内结构联结在一起,土墙竖向的抗压显然更好,木架的抗振动则更好,结合在一起稳定性更好,也是鸟巢体育场的设计理念,只是显然我们的理念更早了许久。

二十　土楼窗门扇

围屋中我曾介绍过残破的瞭望孔,那是在已无法企及的位置,孤独于墙角,四周围墙道路都已经不存,但在这里,可以完美触摸,让你知道曾经场景中的模样。

图7-27为瞭望口,图7-28为窗门,均位于土楼的四角、楼梯处。作用不同,样式也有了区别,瞭望口用逐层深入的退台,营造出那个小洞口,

图 7-27　土楼瞭望口

图 7-28　土楼窗门扇

主要为防御功能，从外攻击难，面积很小，由里向外射击容易，视野相对宽泛，为使用时方便，也就不需要设门。而下面的窗门如不介绍，还以为是大门，确实很相似，所以与户门做法类似，仅存大小区别。

外部门的门闩以前有过介绍，窗门的构造相同，由多块长木板拼成，窗的背后有两根横木板，上下分设，为提升强度。用铁钉将窗体和横木板牢牢地固定在一起，形成完整的门扇。在每个窗扇背后的1/3宽度位置，竖向再各装一根限制门闩的木板，两端木板相同的位置各自开洞，关门时将上下两根门闩分别插在两门扇的限制木洞中，从而将门锁闭。我们更加常见的是单条门闩，其实并不适用，稳定性不足，而这种双条门闩的做法，四点成一面，不管是窗户还是户门，都是更加安全与实用的做法。

我曾记得，在《消失的民居记忆》中以一扇门作为最终的结束，而这里，我要以一扇窗来结束这茫茫永远看不清结尾的民居之路，这十年的游走、写作、出版之路，对我而言，实在不易，眼见了纸质出版的衰退，销售的萎靡，读者的锐减，每一部的出版都是那么磕磕绊绊，但又总是柳暗花明又一村，能坚持到这里，我自己也诧异原来人的意志力可以如此，为了使命而活着可以这么坚强。

上帝会给你关上一扇门，但总会打开另外一扇窗吧？我想图中这扇窗就是我要寄托的那种感觉。民居系列的编辑小张老师，由刚工作合作，到了结婚，再到生了孩子，再到离开书籍编辑，每个人都变化很大，建筑却没有那么快，我想，当年的我多虑了，建筑可以等我们，它也许只是想看着我们的成长，并不在意自己的消失，如果这么说，我想它做到了。

后记 | 建筑中的故事
——才是有温度的部分

没有故事的建筑语言是枯燥的。

一 时间的由头

说起来,从开始写《消失的民居记忆》到写完本书,我花费了15年的时间,写的文字并不多,经历的却是人生最精华的15年,比年轻时更懂得思考,比年老后更有些力气。时间跨度从2010年至2025年,这15年中的巨变,是一个男人由年轻步入中年的过程,也是一个由信马由缰到不再行走的过程。其间2016年我患焦虑症,畏惧坐飞机,畏惧自己开车走山道,之后就失去了行走偏远地方的能力(图8-1)。

《消失的民居记忆》是一本有感情有故事的民居建筑书籍;《消失的民居记忆Ⅱ》仅有部分行走的内容,夹杂了很多自己的思考;而本书则十分偶然,我没有想过它的出现,或认为会间隔更漫长的时间,毕竟疫情限

图 8-1 静止的时光

制了出行。我只想静静地回忆下路上遇到的每一个建筑，尤其是其中有故事的部分，描述还能让我感动的内容，特别是亲情，当然也有成为亲情的爱情，还有已经褪了色的爱情。但显然我失去了行走远方的能力之后，对于别人的故事，已经没有了新的输入，而对于自己生活的重新思考和回忆，占据了我的大部分时间。

这既是悲哀的，也是值得理解的，能够看着儿子由一个儿童成长为大小伙子，让我惊叹这十几年的变化；再看着父母的容颜由中老年步入了真正的老年，也可以想象自己的变化。我发现，变化大的还是自己的内心，没有了曾经的清澈与活力。突如其来的疫情对每个人的生活都造成了诸多不便，我则顺其自然地隐藏在狭小的空间里，相同的封闭生活，弱化了我与他人的区别。我用极限的思考叩击自己的灵魂，这或是焦虑的一副解药，或能点燃重新出发的力量。

对于建筑而言，它们的存亡并不在于新旧，而只有是否尚在使用；对于人而言，则痛苦与快乐都是过程，结果并不重要，因为只有一个结果。

二　儿时的屋顶

图8-2是我拍摄于内蒙古隆盛庄的父亲的祖居。

下午的暖阳穿透了枝丫，春风拂面而过，带着我的思绪飞回童年。

父亲修补着屋顶，让我打下手。我很乐意，站上砖垛，爬上院墙，再从墙登上屋顶。

没有楼房的年代，平房的屋顶就是世界的高点。向外望去是学校的操场，一望无际，我心旷神怡，觉得世界的尽头也不过如此。

回忆中的光线永远温柔，我寻找着屋顶上的宝贝：过年时没有炸裂的炮仗，或是掉牙时扔上屋顶的牙齿，其实更多的是一些石头，不知道从哪里来的，它们是屋顶的秘密，是飞来的陨石，也是我儿时的武器。

扔一只纸飞机，可以飞得很远，越过自家的边界，直到远方……后来真的梦想成真了。

图 8-2 父亲祖居的屋顶

三 都市的迷茫

图8-3是表达现代建筑与自然的冲突。

钢筋混凝土比热容低,能反射热,却又无法"代谢"热,吃进去的吸收不了,所以城里的地面和墙面在早上、中午、下午都白花花的,让人睁不开眼。如同城市中的沙漠,充满荒芜,一不小心就会干涸于城市的河流中。

晚间室内散不出的热量一点点累积,囤积成闷热。直到秋天到来,慢慢降温,才有一个散热的过程。但到了冬天,混凝土又变得很脆,冷进入得很彻底,所有的墙面都如同寒风穿透的内衣,靠近不得。

这样的夜,这样的静。这城市豪华、美丽,妖艳如同攀附的藤蔓,纠

后记　建筑中的故事——才是有温度的部分　　**219**

图 8-3　都市的迷茫

缠着每一个灵魂使其在忘我中肆意挥霍着时光，最终美丽被消磨殆尽，我则失去了自我。审视这具躯壳，灵魂进退维谷。很多人都在挣扎中"石化"，却无法成为那不朽的建筑，甚至不及老去的民居，不过是沧海一粟，难被世人记住。

没有答案的日子是焦灼的日子。有了答案的日子，失去又成为开端。一切总是刚刚好，何去何从，终究不能自问自答。

四 生活啊

与相识二十多年的闺蜜吃饭，之所以强调闺蜜，因她是我唯一保持联系的女性友人。上一次见面还是几年前，时间不会消磨友谊，这是友情与爱情最大的区别。

二十多年前，因为夜归太晚进不去宿舍，曾借宿于她们家。称"她们"是因为屋里还有另外一个女孩。那晚她把房门插销上得严实——这是她后来告诉我的，她说这种建筑的门闩本就防君子不防小人。还好，我尚属君子之列，天未亮就赶快离去。与两个女生共处一室，我既激动又胆小。之后我和她走得很近，因为觉得她很义气，像个爷们。

这次见面方知那另外一个女孩因为癌症已离世。作为同龄挚友，女孩去世带来的伤痛可见于她的眼中。时光确如雕刻刀，在她的脸上我看到了我自己的衰老，突然有点恍惚，对她的样子有些许陌生。

从她身上我想到许多。村中邻里之间总会因为一块墙砖厚度的边界差而大打出手，这不仅是为房屋的战斗，更是为生存空间的争斗。地球上总是因为这"一块砖的距离"产生纷争，有房子就有领土之争。儿时，我们家就是因为增建一层外墙，邻居觉得遮挡了他家的视线，两家起了冲突。邻居拿着铁锹要把墙拆了，父母自然也不会妥协。就在即将打起来时，我因实在害怕跑回了家，躲在床上听着外面的喧哗。作为一个男孩子，不敢冲在前面就算了，甚至不敢面对，这是羞耻的。后来矛盾不清楚如何解决的，但有一点，父亲并没有因此笑我懦弱，这反而成为我心里的痛处，至今未愈。而她不同，类似情况下，在混战中曾一砖头击溃对方一群人，赢得了那一块砖的战斗，让我佩服得不行。

这次见面我了解到，这二十多年她送走了心梗的父亲、痴呆的母亲以及那个得癌症的女孩，之后又放弃了自己的工作陪读十年，老公却始终像个长不大的孩子。我想宽慰她，告诉她她很棒，正如我焦虑时她也如此安慰过我，但我却找不到合适的切入点。临别时她的情绪突然决堤，说等孩子高中毕业，要找一个没有熟人的地方独自生活。我很惊讶，本以为生活已把她磋磨得麻木，但未料坚持了二十多年，本该熬出来的她活得却如此绝望。她不曾后悔，只是不再想继续。

当你经历过那些困难，当你心中不再有波澜，当你肩上没有了责任，你要的不是更好，而是怕再受伤，只想逃离。

夜风中，我独行于路上，心里有些酸楚。我们都在向幸福奋力奔跑，却将经历的痛苦藏在心里，纵使燃尽多少根烟，都无法释然（图8-4）。

五　房地产火热的那些年

中学同学到访，现实主义者与理想主义者碰撞不出什么火花，聊及婚姻却都有些感触。

他和妻子都是我的同学，多年来令我困惑，每次聚会时，看不出两人有什么嫌隙，散场时却总是一个人向东，一个人带孩子向西。原揣测两人是隐离状态，其实还真不是。他坦言是夫妻冷漠，如同"透明人"。

他们高中时就认定彼此，后来有情人终成眷属。俩人在北京连续贷款购置了八套房，那是二十年前，恰逢地产开发蜂拥而起，老旧社区加速消亡。他们有勇气有魄力，不仅拥有了农场，还办起了幼儿园，虽然都是耳闻，却仍成为同学楷模。两个强者的爱情，却在北京随着年龄的增长和房地产的火热逐渐崩解，开始支离破碎。爱情最终泯灭于日常。爱也是他们，无爱也是他们，原因很多，其实没有一个能站住脚，不过对于这些房产物业，总是脱不开关系。

图 8-4 建筑中人影

他跟我说,周边也多有朋友如此。晚上老婆回家,我说起这事,她同样感到困惑,因她的周边夫妻不同床、不同房、不同楼的也多,很多人都拥有好几套房屋。等有了孩子后,很多家庭更是从以夫妻为中心,变为以亲子为中心,夫妻间慢慢冷漠,最后冷得彻底。看过这些,我深感城市的婚姻状态令人担忧,渴望爱,却又没有爱的能力,已是一种常态。

末了,我对他说再好的事业没有婚姻的基础,都不算太牢固(其实这是忽悠人的),就像木质的房屋,总是损毁于蛀虫的侵蚀。我只是希望他哪怕保有痛苦感,尝试改变,而非麻木下去。虽然这只是我幼稚的想法,却真的希望结局对得起我那时的羡慕(图8-5)。

图 8-5　建筑的春秋

六 信笺

昨天为找一份表格,偶然打开一本书,一张熟悉的纸滑落,这是一张我的大学时候的学校信笺纸,内容我至今倒背如流,只是不知道居然藏在这里。若不是偶然翻到,可能这辈子也不会再见。

"与其匆匆投入爱河,不如让其慢慢成长",这是哥们劝慰我的话。这纸片已有24年,记录着我疯狂追求一个女孩的过往,从这段文字可以想象,当时的我已经让人看不下去了。于是在教学楼的楼梯转角,好哥们悄悄递给我张纸片——许是口头劝不住,只能付诸文字了。

但是这楼梯转角我仍清晰记起,是双跑平行式楼梯,这种楼梯形式普遍出现在学校教学楼中,与单跑楼梯(图8-6)不同,我的梦里总能出现这样的楼梯式样,不管是噩梦还是美梦。噩梦中追赶的人走这边的楼梯,我躲在平行的另外一侧楼梯,完美错过;而美梦中则总是在那个转角的视线盲区,偷偷瞥到了她,然后故作镇静,制造偶遇,目不斜视从她身边经过,期待被关注,却没有勇气打招呼,一直到毕业。

建筑在某一个时间总会跟一件具体的事相连,让它成为你生活中的一部分。只是过了这么久,我才懂这个道理。有些体悟需要岁月沉淀,很佩服当年那位兄弟的清醒。有的人总是想着急占有,而我却总是着急付出,可能结果一样不好吧。不过换个角度,如果当年我就这么明智,可能也就没有了现在的理解。生命那么漫长,有些事晚点明白也好,跑得太快,可能会错过风景。

再也遇不到这种楼梯,意味着我再也回不到学生时代。看着时光里飞奔而去的景物,情感烟消云散,只有这张纸片还留存。这次之后,不知何时再翻出来。

后记 建筑中的故事——才是有温度的部分 **225**

图 8-6 重庆大学的木质楼梯

七　错过

风清凉，带来秋的气息，短暂而绵长。来来往往的路人总是匆匆忙忙。

思绪蔓延开来，那些分分合合会让你在一瞬间明白，有些事错过了，就真的无法重来。

好友发来沈阳东陵的照片，这是我上学的地方。上大学时家里穷，竟然连沈阳东陵、北陵和故宫都没去过。恰好上周父母还谈及这几处景点，我突然感到遗憾，说："还是穷吧"。他们说："你当时多要点钱啊。"我一时语塞，不知如何作答，难道那时候家里不穷吗？

也许如果有点钱，就不会给心上人买劣质手表了。那手表刚入手后，指针便脱落，即便修好依然会掉。这般自欺欺人，仿佛注定掉落的指针，如同恋人注定分开的结局。可惜并没有也许。在北京十几年，就连单位隔壁的恭王府也一直没有去过，因为生病而错过。《泰坦尼克号》也始终没看过，因为在学校电影院门口苦等他人而错过。比故事本身更精彩的往往是它背后的情节，比错过更为动人的事情可能是惦记。为什么总能够错过？缘分不到吧。而在某一个时刻终于遇到，可能是惦记积攒的结果吧。

图8-7、图8-8是恭王府的木质护窗，在错过了多年后，单位组织参观恭王府，我终于来到了这里。其实这些年的变化并不大，窗户上的固定卡子还是旧物，将其抽出后护窗就可以活动。那用来撑起护窗的铁钩，依旧别在外面，平时固定在卡扣里，需要时拔出来，便可顶起护窗。精巧的设计让我觉得不虚此行。当其他人忙着与建筑合影时，我则忙着拍摄挂钩和卡子。

老白固执或因性格所致。那些人、那些老房子啊，还请原谅，我无法一一遇到并记录，也不能一一拥有并珍惜。所以，最后陪伴我的只剩一个朋友，是时间，只有一个敌人，还是时间。

图 8-7　恭王府的窗扣　　　　　　　　　图 8-8　恭王府的护窗

八　心之荒芜

20年前熙熙攘攘的东方大学城，如今已一片空旷。随着高校扩招政策的结束，大学城慢慢失去了生源，各大院校慢慢舍弃了这里的分校，之前可以容纳15万人的大学城逐渐走向凋零。那些匆忙建造起来的校舍，也开始快速衰败。失去了人气的建筑，远比正常建筑衰老得快，已然没法居住。

现在，长得很高的野草淹没了曾经熟悉的景象，我们曾经去过的露天音乐厅，下沉的广场呈半圆弧形，像极了重庆大学的音乐台（图8-9）。那些水磨石的台阶，本来质量就不好，杂草生长的力量将其顶起，碎裂开来。设备机房的门窗也被人拆走，屋里落满了灰尘，地面散落着掉落的砖

图8 重庆大学的音乐台

块,让人想起了底特律的衰败之态,或恐怖电影的桥段。突然,看到窗户上挂着一个生锈的铁瓶子(图8-10),我心下一惊。思考了几分钟后,我明白原来那是一个靶子。

图 8-10 东方大学城的音乐台

我记得曾骑车驮着她，在一众年轻人中间飞驰而过，当时我对她说"年轻有啥了不起"，可如今却想不起后座的她是谁。一晃20多年过去了，原来那时候我的心就老了。现在看来，比大学城更早陷入空旷的是我的内心。20多年来我靠脚下的道路感知世界，却越走越迟缓。后来焦虑了，不得不接纳现实。偶然间我发现闭上眼会看到另外一个世界，更为宽广。所谓"行万里路"，不仅在脚下，或许也在心里。

九　结婚20年

琴行的老板总想把那把琴卖给我，因为知道我确实喜欢。虽然琴有点残，但我拗不过他的耐心，还是决定去看看。我在犹豫中买下那把琴，是她付的钱。其实家里已经有一把琴了，买下只是因为喜欢。中年了，遇到需要狠心的事总能狠得下心。

从琴行出来已到饭点，我们曾经吃饭的地方早已物是人非。我也变了，如今吃不了路边小摊，便找了家可以堂食的馆子坐下。这时我突然想到一件事：我们结婚已经整整二十年了！当年婚宴结束后，我们被邀请去的酒吧就在那家琴行里。如若不是买琴，还想不起来这事，真巧。弹指一挥间，能记住的仅是建筑物和珍贵的瞬间。

建筑对于人有一种特殊的意义，那会是开启记忆的一把钥匙。只有当你与它重逢时，与之相关的记忆才会被自动打开。如果建筑消逝，那么这段记忆便永不开启。这或是其他事物所难以具备的特质（图8-11）。

在回去的路上，我又去看了十几年前超喜欢却买不起的别墅。它居然没有涨价，看起来有些荒凉，老化的迹象比较明显。时过境迁，房屋质量依然很好，木质没有变形，似乎也没有漏水，但是外面的茅草显然已经蔓延了过来。如今这栋别墅显然不再吸引我。当年我后悔没有勇气负债买下，曾遗憾了很久，今天看来没买也对，它本不属于我。

前几天看《人世间》，觉得那些故意化妆成老年人的中年人，怎么看都不真实，与那些翻新的古建筑如出一辙。人的衰老与建筑的老化一样，

图 8-11　威卢克斯顶窗

朝夕相伴时看不出变化，有了对比才觉出二十年间的改变真是明显。尤其这两年，两鬓斑白，皱纹横生，老去的不只是外表，内心也在老去。所有的一切都那么必然，近了又远，却难再重逢。

十　我的童年

当年父母的老房子拆迁，过了好几年才得以回迁。在那几年中，家里的老物件都被父亲寄存在一个朋友家里。等我们再去搬运的时候，才发现经过几年的时间，那些书籍都已经发霉长毛，没有办法再阅读。老旧的衣服被褥已经散发一股霉味。从我的角度来看已没有任何价值可言，不过父亲母亲依然还是把它们当作宝贝，都拉回了家里。人与物件的情感，不经历者很难体会。

书籍霉味太大,只能放在楼道,却不知道第二天被谁顺走,估计是拿去卖了废纸。我的儿时读书梦,也就此化为乌有。被褥衣服则被塞进衣柜,那老式立柜下层还设有隔板,那个夹层我儿时不敢去翻,似乎是母亲放私房钱的地方,一直神秘,现在拉开却已经是空空如也。能留下记忆的是那个锁孔(图8-12),自从多年前钥匙被折断在里面,那锁就再没有更换过。就像是慢慢生锈的婚姻,大家都不再顾忌形象,真的过起了寻常日子。

那立柜和写字台都是父母结婚时的嫁妆,一用就是六七十年。我嫌弃它们浓重的霉味,拒绝与这立柜睡在一个屋里,但父亲不嫌弃,也不多说,把两件家具放在了自己的卧室里。只有父母才懂得这些老式家具的意义和价值。

这老式的写字台(图8-13)对我来说更熟悉一些,我能够清楚记得这个带一抽屉、两柜门的写字台:左边的柜子是我的专属,右边的归姐姐们专用,中间的抽屉则是公用。但里面的东西我已毫无印象,父亲什么都不愿意扔掉,找东西的时候,总是要翻找一番。现在看里面多数都是垃圾,

图 8-12　儿时立柜上的锁孔　　图 8-13　童年的写字台

但垃圾与有用物品的区别在于能不能派上用场,在那个年代一切都有可能用到。

后来姐姐们去上大学,才把那部分空间匀给了我。再后来我也离家,这柜子就慢慢被人遗忘。拆迁搬家时,只有父亲一个人回去了,据说他喝完了家里所有的存酒。然后借着酒劲把这么多的东西搬走。他终于不再纠结,放弃了许多,因此再打开写字台的柜门,也寻不到当年我的东西。回看这段往事,我觉得那是父亲第一次与过去割裂,这是我进入中年以后才明白的事。

其实父亲是很认真的一个人,按他的理解把我重要的东西尽量留了下来。知子莫若父,在这一点上我是惭愧的,我有既是父亲也是儿子的双重身份,但做得都不好。

写字台上会铺一张玻璃板,那时候似乎每家都会在玻璃板下压照片。其实家里都有相册,但玻璃板如同定格了时间,让照片一目了然。我至今记得自己在老虎山上拍的一张照片,曾经放在右下角。至于父母当年如何甄选照片展示,我现在才开始思考。父母所做的事情,孩子似乎在童年乃至青少年都不会懂,父母也不解释,但总归有些理由。

写字台下面的桌洞是我童年时最喜欢的藏身之处,爱躲在里面搞怪,藏猫猫,让大人找不到我。桌洞的后面还有一个夹层,用竹子做的卷帘分隔,可以上下推拉。这个结构让我小时候超级喜欢,因为后面空间狭小,一般人又看不到,夹层里面总有一些神奇的东西,对我而言那些比较少见的东西都是那么神秘,会看过再偷偷放回。似乎我的长大,是从钻不进桌洞的那一刻开始的,原始的快乐也就此戛然而止。